당신의 사랑은 당신을 닮았다

당신의
사랑은

☾

당신을
닮았다

전미경 지음

더퀘스트

내가 이해하는 모든 것은,
내가 사랑하기 때문에 가능했다.

톨스토이

Prologue

우리는 살면서 수많은 사람과 만나고 헤어집니다. 깊이와 거리, 색깔이 다른 각양각색의 인연들이 내 주위에 몰려들었다가 흩어지고 또 남아 있게 됩니다. 그러나 여러 인연 중에 너와 내가 만나 연인의 이름이되는 인연은 많이 특별합니다. 그 인연이 아름다운 꽃을 피우며 결실을 맺거나 때로는 서로에게 생채기를 남기고 끝을 맺기 때문입니다. 물론 현재 연인과 갈등이 있고 힘든 연애를 하고 있는 분들도 계시겠지만 그래도 만남을 지속하는 이유는 어쨌든 지금 내 연인을 사랑하고 있기 때문입니다.

이리 단순 명료한 것이 사랑인데 왜 우리는 사랑이 어려울까요? 외래에서 만난 내담자 분들과 같이 이런저런 얘기를 나누다 보면 결론은 하나입니다. 제대로 된 진정한 사랑을 하고 싶은데 어찌 해야 하는지 잘 모르겠다고 합니다. 영화나 드라마, 소설을 통해 간접 경험도 해봤고 이별로 끝나고 말았지만 연애라는 과정을 통해 직접 경험도 조금은 해봤습니다. 그런데 여전히 진정한 사랑이란 뭔지 막연합니다.

정말 행복해지는 사랑을 위한 일은 어떤 것인지, 많은 분들과 사랑에 관한 고민을 열심히 나눴습니다. 15년간 정신건강의학과 의사로서의 공부에 더해 심리학 서적을 뒤지고 또 뒤지고, 인류의 역사인 인문학에서 답을 찾아보기도 했습니다. 이 책은 여러분의 좋은 사랑을 돕는 모든 이야기를 망라한 책입니다.

사랑은 나와 상대방이 만나서 하지만 사랑을 아름다운 색깔로 만들어가는 것은 나의 몫입니다. 어린왕자에게 깨달음을 준 여우의 말이 의미 깊습니다.

"장미가 아무리 많아도 너를 필요로 하고 네게 필요한 장미는 우주에 단 하나, 별에 두고 온 그 장미야. 서로를 길들이게 되면 단조로운 세상은 나만이 느낄 수 있는 의미 있는 순간으로 채워지게 돼. 시간을 함께하며 서로를 길들인 관계에는 책임이 따른다. 사람들은 이 진리를 잊어버렸지만 너는 잊어선 안 돼. 이 모든 건 눈에 보이지 않고 마음으로만 볼 수 있어."

세상에 많은 장미가 존재하지만 어린왕자가 물을 주고 바람도 막아주며 유리덮개도 씌워주고 벌레도 잡아준 건 바로 어린왕자의 그 장미이기 때문입니다. 또한 장미가 가끔 투덜대고 뾰루퉁해지더라도 묵묵히 꽃을 피워내며 어린왕자의 곁을 지킨 이유는 장미의 그 어린왕자이기 때문입니다.

이처럼 겉으로 보기에 사랑은 그와 나의 관계이지만 속을 들여다보면 어린왕자나 장미처럼 각자의 위치에서 서로에게 묵묵히 최선을 다하는 나의 모습이 나의 사랑을 결정합니다. 그래서 연애를 하고 사랑을 한다는 것은 내가 스스로와의 관계에 최선을 다하는 것입니다. 어린왕자가 최선을 다해 장미의 벌레를 잡아주고 장미 또한 별을 떠나려는 어린왕자의 마음을 배려하면서 스스로를 다독이는 모습에서 보이듯이 말입니다.

나의 사랑은 나와의 관계맺음의 또 다른 모습입니다. 그래서 나를 잘 알고 사랑하면 행복해질 수 있습니다. 이 책을 읽으시는 모든 분들이 좋은 사랑을 했으면 좋겠습니다. 당신은 분명히 좋은 사랑을 하게 될 것입니다.

차례

CHAPTER
1

사랑의 말
사랑도 상처도 말 한마디에서 시작된다

사랑의 말

사랑도 상처도
말 한마디에서 시작된다

Words

of

Love

나를 왜 사랑해?
에 대한
가장 적절한 대답

"나를 왜 좋아해?"

좀 사귄 사이에서 연인에게 흔히 물어보는 질문입니다. 실은 대답은 뭐든 상관없습니다. 네 쇄골이, 네 발가락이 예뻐서라고 대답해도 말입니다. 상황과 맥락에서 그 대답을 하는 태도가 중요한 거지요. 단지 그윽하게 연인의 눈을 쳐다보면서 진심을 담아 상대방의 무언가를 찬양하면 됩니다. 물어보는 사람도 정확한 답변을 원한 건 아닙니다. 내가 너에게 이런 질문을 할 수 있는 특별한 사람이라는 지위를 확인받고, 우리가 인생에 하나도 도움되지 않는 스몰토크를 할 수 있는 사이라는 걸 확인받는 것이 중요합니다.

그러니 질문받았을 땐 아무 답변이나 내키는 대로 성실하게 해주면 됩니다. 이왕이면 상대방의 머리를 쓰다듬거나 손목이나 이마에 입맞춤하는 경의를 표하면서 해주면 그 효과는 더 좋습니다.

여기까지가 좀 사귄 사이에서 '왜 나를 사랑해'라는 질문에 대한 대답이고요. 처음에 왜 그 사람을 연인으로 택하였고 사랑을 시작했는가 하는 질문에 답하자면 조금 복잡합니다. 실은 나 자신도 그 이유를 모를 때가 많기 때문입니다. 그냥 호감이 가서 혹은 매력 있어서가 쥐어짜낸 답일 것입니다. 얼굴이나 몸매가 예뻐서, 돈을 잘 벌어서 등의 잘 알려진 외적인 조건들이 있지만 우리는 때로는 알 수 없는 이유로 조건과 상관없이 상대를 좋아하기도 하지요.

답변을 드리겠습니다. 우리가 누군가와 사랑에 빠지는 이유는 두 가지입니다. 첫 번째는 '결핍 deficiency'의 욕구이고 두 번째는 '욕망 desire'의 욕구입니다.

먼저 결핍의 욕구를 예를 들면요. 부모에게서 감정적인 배려를 못 받고 큰 사람은 상대방의 애정을 갈구하게 됩니다. 누군가가 나에게 따뜻한 온기를 나누어주면 그 사람에 대한 감정이 금세 커집니다. 어린 시절에 아버지의 부재로 마음이 허했던 사람이 나중에 연인으로 나이 차가 많은 사람을 선택하는 것도 같은 경우입니다.

욕망의 욕구를 살펴보면요. 내가 음악을 좋아하는 사람일 때 유명한 피아니스트를 보면서 대리만족이나 동경을 합니다. 내가 글쓰기에 대한 욕망이 있는 사람이라면 좋아하는 작가의 작품을 하나하나 읽으면서 작가와 마치 일대일 대화를 나누는 듯한 느낌에 행복해하기도 합니다.

우리가 누군가와 사랑에 빠지는 건 이렇게 자신의 결핍과 욕망의 요소가 작용해서입니다. 그러니 끌리는 지점이 사람마다 다르고, 전혀 객관적이지 않은 거지요. 예를 들어 어린 시절부터 주위에서 은근히 왕따를 당해왔다면 나의 존재 자체를 인정해주는 연인에게 가산점을 마구 주고 그 밖의 부분은 의식적 혹은 무의식적으로 무시합니다. 그가 도박을 좋아한다거나 인간관계에서 문제가 있거나 직장에서 그리 성실하지 않다는 점도 넘기게 되는 거지요. 또한 연인이 내가 동경하던 부분에서 장점을 가지고 있으면 그 외 단점에 너그러워집니다. 남을 배려하지 않는 다소 이기적인 모습도 예술가의 까다로운 기질 정도로 여기면서 눈을 감게 됩니다.

이래서 사랑은 예측할 수 없으며, 지구상에 10억 명의 연인들이 있다면 10억 개의 사랑과 10억 개의 고민과 또 10억 개의 서로 다른 행복을 품고 살아가는 것이라 하겠습니다.

너에게 의미 없는 말을 할 수 있는 건
나에게 의미 있는 사람이기 때문이다.

I say meaningless things to
the most meaningful person.

사랑하는 사람에게
절대 해서는
안 될 말

사랑하는 연인과의 관계는 우리가 맺고 있는 인간관계 중의 하나입니다. 우리는 가족과 친구, 직장 동료와도 관계를 맺고 삽니다. 그러나 이들과 연인 관계의 큰 차이점은, 연인은 나에게 가장 많은 영향을 주는 '의미 있는 타인significant others'이라는 겁니다.

의미 있는 타인이란 내가 매우 좋아하고 나를 매우 좋아하는 사람입니다. 나와 많은 시간을 함께 나누는 사람, 정서적으로 나랑 깊게 연결되어 친밀감이 형성되어 있는 사람입니다. 또한 절대적인 신뢰를 보내는 사람이자 인생의 중요한 결정 사항에 대해 가장 먼저 고려하게 되는 사람입니다. 궁극적으로 나의 자존감을 올려주며 나의 세계를 확장시키고 나의 성장을 촉진시키는 존재입니다.

그런데 우리는 그만큼 친밀하다는 이유로 연인에게 상처 주는 말을 할 때가 있습니다. 시간이 흘러 서로 가까워질수록, 더 이상 상대방에게 잘 보일 필요가 없는 오래된 연인이 될수록 이런 경향은 두드러집니다. 솔직하게 돌이켜보면 왜 우리는 직장 동료와 같은 공적인 사이나 별다른 의미 없는 타인들에게는 깍듯하게 예의를 지키면서 나의 연인에게는 말을 함부로 하게 되는지 모르겠습니다.

사이가 좋은 연인이 갈등 없는 관계를 의미하지는 않습니다. 갈등의 내용이나 횟수보다는 갈등을 다루는 의사소통 방식이 관계의 질을 결정합니다. 갈등이 있다는 얘기는 너와 내가 다르다는 것을 서로 인지하고 조율한다는 의미이며, 갈등 그 자체보다는 조율이 잘 되느냐 안 되느냐가 중요합니다. 갈등 자체가 없다는 건 두 사람이 서로에게 솔직하게 자기를 드러내지 않거나 누구 하나가 일방적으로 상대방의 욕구에 맞추어주고 있다는 얘기입니다. 그래서 적당히 거리를 두는 의미 없는 타인과의 관계에서는 갈등 자체가 안 생깁니다. 어떤 목적을 달성하면 그 관계는 그걸로 성공적인 마무리가 되니까요.

연인 사이의 의사소통에서 취해선 안 될 태도가 딱 두 가지 있습니다. 바로 '경멸'과 '냉소'입니다. '경멸'은 상대방을 무시하고 모욕감을 주는 행위입니다. '냉소'는 만사에 부정적인 태도로 상대방을 평가하는 것입니다.

"네가 하는 일이 다 그 모양이지", "너 하는 말이 다 짜증나", "네가 잘할 수 있다고 생각해?" 등의 멘트가 경멸과 냉소를 보여주는 대화입니다. 어찌 연인 사이에 저런 말을 하냐고요? 물론 사이가 좋고 평화로울 때야 서로 오고 가는 말이 곱습니다. 그러나 갈등 상황에 닥치면 의외로 이런 태도로 다투게 됩니다. 직접적으로 이런 말을 하지 않더라도 **의사소통에서는 말의 내용뿐만 아니고 어투나 뉘앙스, 얼굴 표정이나 몸짓, 태도도 많은 것을 전달합니다.**

대화를 하다가 내가 잘 모르는 내용인지라 그게 무슨 뜻인지 물어봤을 때 한심하다는 태도로 나를 쳐다보거나 어이없어하는 헛웃음을 치는 것도 포함됩니다. 내가 앞으로 자격증 시험을 준비하고 있으며 미래에 이러저러한 계획이 있다고 했을 때 가당키나 하냐는 표정을 띠거나 "그거 엄청 어려운 시험이라서 붙기 힘들걸?"이라며 더 들어볼 생각을 안 하고 대화를 종료시키는 경우도 마찬가지입니다. 혹시 속으로 나도 모르게 연인에게 이러한 '경멸'과 '냉소'의 메시지를 보내고 있지는 않나요?

'경멸'과 '냉소'의 메시지를 의미 없는 타인이 나에게 보낼 때도 속상한데 의미 있는 타인인 나의 연인이 보낼 때는 그 파장이 상당히 큽니다. 의미 없는 타인의 말이야 흘려보낼 수도 있고 잠깐 짜증이 날 수도 있으며 화가 날 때는 따지기도 합니다. 물론 연인에게도 여러 방식의 대응을 하겠지만 연인이 보내는 '경멸'과 '냉소'의 메시지는 나의 '자기 개념self-concept'을 수정하게 만든다는 점에서 다릅니다. '나는 못났구나, 나는 무식하구나, 나는 사랑받을 수 없는 사람이구나'라는 생각이 드니까요. 나에게 가장 의미 있는 타인이 하는 말을 어찌 흘려들을 수 있겠습니까?

　연인과의 관계에서 예쁘다, 사랑스럽다라는 긍정적인 멘트보다 이런 '경멸'과 '냉소'의 멘트가 미치는 파장이 훨씬 큽니다. 두고두고 잊히지 않고 곱씹게 됩니다. 상처를 받아 나의 깊숙한 자아에 그 흔적이 남기 때문입니다. 후에 연인이 자기의 경솔함을 사과하여 겉으로야 괜찮다고 말할지라도 속으로 진짜 괜찮아지지는 않습니다.

　그래서 듣기 좋은 말을 열 번 하는 게 중요한 것이 아니고 연인 사이에 하지 말아야 할 말을 한 번이라도 안 하는 것이 중요합니다. 실은 이건 연인 관계에서뿐만 아니고 일반적인 인간관계에서도 꼭 명심해야 합니다. 알게 모르게 '경멸'과 '냉소'의 말버릇이 든 사람을 우리는 비호감이라 생각합니다. 가까이하고 싶지 않은 사람이지요. 정도를 지나치면 무례한 사람이 되고요. 나의 연인을 위해 그리고 나 자신의 품격을 위해 나의 의사소통 방식에서 '경멸'과 '냉소'를 멀리 벗어버립시다.

지금 당장
서운함을
들켜라

"상대의 한마디가 너무 서운했는데 당장 그 자리에선 말 못하고 맘 한 구석에 원망이 쌓여 힘들어요. 그렇다고 다시 꺼내자니 타이밍도 내용도 미묘해서 그냥 넘어가는 게 맞나 하는 생각도 들어요."

이 외래 환자분의 고백처럼 우리가 살면서 연인에게 많이 느끼는 감정 중의 하나가 '서운함'일 겁니다. 스스로 쿨한 성격으로 자부하는 이들마저도 연인 앞에선 참 속 좁은 사람이 됩니다. 이유가 큰 거라면 대놓고 따지기라도 할 텐데 그 서운함이 느껴지는 영역이 내가 생각하기에도 사소해서, 나 자신도 찌질해지는 것 같아 따지기도 어렵습니다. 연애 초기에는 밥 먹는 내내 내게 눈을 떼지 않았던 그가 지금은 스마트폰 영상에 혼자 낄낄거리는 걸 보며 서운함을 느낄 때처럼 말입니다.

이 서운함의 감정을 살펴보면 바탕에 상대방에 대한 '기대 expectation'가 있습니다. 동료나 친구에겐 바라지 않는, 연인이라서 가능한 특별한 기대가 있고 이것이 충족되지 않아 서운하고 때론 싸움으로 이어집니다.

물론 내가 상대방의 행동을 과하게 해석할 순 있지요. 무심코 스마트폰을 살피거나 야근 때문에 약속을 취소한 연인에게 나를 전처럼 사랑하지 않는구나라는 과한 해석을 부여하는 경우도 있으니까요. 하지만 연인이라는 이름으로 묶여 있는 한 우리는 나의 영역에 들인 사람에게 안심하고 투정 부리고 삐질 수 있는 권리가 있습니다. 그리고 나의 연인은 그런 나의 투정과 삐짐을 살펴주고 보살필 의무가 있습니다. 너의 사랑 표현이 전과 달라 내가 서운하다는 것을 그는 알아야 합니다. 내게 서운함이 쌓이고 쌓이면 둘의 관계가 삐걱거릴 수도 있기 때문입니다.

살면서 우리가 투정과 삐짐을 보이는 인간관계는 엄마와 연인 혹은 배우자로 한정됩니다. 이 특별한 지위를 믿고 서운함이 올라올 때는 연인에게 표현을 하시길 권합니다. 우리가 연인에게 싫은 소리를 못 하는 이유는 스스로에게 솔직하지 못하기 때문입니다. 그 경우는 어떤 일이 생길 때 내가 그를 이해해주어야 한다면서 내 솔직한 마음을 억누르고 배려하는 경우가 대부분일 겁니다. 그러나 진정한 배려이고 그 상황에 대한 납득이 되었다면 서운한 감정이 느껴지지 않습니다. 연인이 바빠서 요 근래 나에게 다소 소홀한 경우라면 연인의 건강에 탈이 날까 걱정스럽고 혹 내가 도와줄 부분이 없을까 생각하게 됩니다. 그러나 이해가 안 되고 서운한 경우에도 스스로를 속이며 억지로 이해하려 하면 서운함이 쌓이는 거지요. 속으로는 이게 아닌데? 싶으면서도 억지미소와 바람직하고 적절한 멘트로 상황을 마무리 지으며 말입니다.

우리는 왜 이렇게 솔직하지 못할까요? 연인 사이이기는 하지만 싫은 소리를 하면 사이가 어색해질까 봐, 그에게 미움받을까 봐, 이미지 메이킹을 위해 성격 좋은 사람으로 보이고 싶어서 등의 이유일 것입니다. 여러 이유가 있지만 궁극적으로 나는 그에게 잘 보이고 싶고 이 관계를 계속 유지하고 싶으며 그러기 위해서 나름의 노력이라는 것을 하는 거지요. 그러나 이런 솔직하지 못한 모습은 내면에서 올라오는 불편함을 꾹꾹 누르고 서운한 감정을 쌓이게 만듭니다. 또한 내가 진정 어떤 사람인지 그에게 보여줄 수 있는 기회를 미리 차단하게 되어 관계가 깊어지는 것을 방해합니다. 그와의 데이트가 더 이상 즐겁지 않습니다. 참고 참은 불편함은 어떤 계기로 폭발하게 될 수도 있습니다. 돌이킬 수 없는 큰 싸움으로 산불처럼 번지기도 하구요. 연인의 무심함이나 무례함을 그때 그때 풀지 못하고 쌓아두다가 견디다 못해 일방적인 이별통보를 하는 연인도 봤습니다.

투정과 삐짐을 표출하면서 내가 찌질해 보일까 봐 걱정은 안 하셔도 됩니다. 우리가 엄마에게 삐진 티를 낼 때 내가 얼마나 못나 보일지 걱정하지는 않습니다. 연인은 나의 이런 투정을 애교로 받아들일 겁니다.

배려가 필요한 상황에 투정을 부리는 철없는 연인이 되어서도 안 되겠지만 애교의 표현으로 서운함을 세련되게 전할 수 있는 기회를 그냥 날려버리는 곰 같은 연인이 되어서도 안 됩니다. 이 선을 잘 타는 당신은 상대방에게 매력 넘치는 연인이 될 것입니다.

한발 다가갈수록
한발 물러나는 너

누군가와 특별한 관계가 되었다는 건 나의 은밀한 부분을 그 사람은 알고 있다는 얘기입니다. 우리는 서로에 대한 친밀감과 신뢰와 애정이 깊어질수록 '자기 공개 self-disclosure'의 수준을 높여갑니다. 인간은 자신을 공감적으로 대해주는 사람에게 자기 공개를 많이 합니다. 또한 이 자기 공개는 상호적인 경향이 있어 내가 자기 공개를 많이 하면 할수록 상대방도 비례해서 자기 공개를 하게 됩니다.

이 자기 공개를 바탕으로 우리는 사람과의 거리 조절을 하고 삽니다. 즉, 누구에게 무엇을 어떤 단계에서 공개할 것인가를 끊임없이 고민합니다. 친구나 직장 동료나 사회적으로 아는 지인까지 우리는 각각 다른 거리에서 각자 다른 수준의 자기 공개를 하며 세상을 살아나갑니다.

자기 공개가 많아지고 깊어질수록 서로 공유하는 영역이 넓어지고 서로의 생각이나 행동을 예측하게도 됩니다. 그러므로 갈등이 줄어들고 서로를 안전 기지로 자각하게 되어 편안함을 느낍니다. 세상은 모르는 나의 이기심, 질투, 추악함까지도 나의 연인에게만 안심하고 털어놓게 되는 거지요. 하나씩 껍질을 벗고 각자의 속살을 드러낼수록 둘만의 세상은 점점 더 크고 견고해집니다.

그런데 살면서 이런 자기 공개가 잘 안 되는 이들이 있습니다. 바로 회피형 애착이 형성된 사람들입니다. 애착 이론은 주로 아이들을 양육하고 교육하는 데 잘 알려진 이론입니다. 그러나 어린 시절에 형성된 애착을 바탕으로 성인기 애착에 대해서도 연구가 이루어졌고, 심리학자 하잔Cindy Hazan과 쉐이버Philip Shaver는 아래 표와 같은 매우 간단한 질문을 제시합니다.

———— 성인기 애착 질문지 ————

**이 질문들은 낭만적인 연인 관계에서의 당신의 경험과 관련 있습니다.
잠시 시간을 내어 자신의 경험에 대해 생각해보고 다음 질문에 답하십시오.**

· · · · · · · · · · · ·

아래의 세 가지 자기 설명(A, B, C)을 읽은 다음, 여러분이 연인과의 관계에서 어떻게 느끼는지 가장 잘 설명하는 곳에 체크하세요.

(참고: 친밀감close과 친밀감intimate이라는 용어는 심리적 또는 정서적 친밀감을 지칭하는 것이지 반드시 성적 친밀감을 지칭하는 것은 아닙니다.)

(A) 나는 다른 사람들과 친해지는 것이 다소 불편합니다. 나는 그들을 완전히 신뢰하는 것이 어렵습니다. 남들에게 의지하는 것을 어렵다고 느낍니다. 나는 누군가 너무 가까이 다가올 때 긴장합니다. 종종 다른 사람들은 내가 편안함을 느끼는 정도보다 더 친밀해지기를 원합니다.

(B) 나는 다른 사람들과 친해지는 것이 비교적 쉽습니다. 남들에게 의지하는 것도 편하고 나에게 의지하게 하는 것도 편합니다. 나는 누군가에게 버림받거나 누군가 나에게 너무 가까이 다가오는 것에 대해서도 걱정하지 않습니다.

(C) 다른 사람들은 내가 원하는 만큼 나와 친해지고 싶지 않은 것 같습니다. 나는 종종 연인이 나를 진정으로 사랑하지 않거나 나와 함께 있고 싶어 하지 않을까 봐 걱정합니다. 나는 연인과 매우 가까워지고 싶고, 이 점이 때때로 상대방을 부담스럽게 합니다.

출처 : Hazan, C., & Shaver, P. R. (1987). Romantic love conceptualized as an attachment process. Journal of Personality and Social Psychology, 52, 511-524.

(A)는 연인을 신뢰하지 못하며 그들로부터 정서적 거리를 두고 다소 독립적인 관계를 선호하는 '회피적 애착 insecure-avoidant attachment'이 형성된 사람들입니다. 이들은 스트레스를 받을 때 위안을 구하기보다는 멀찌감치 물러나게 됩니다. (B)는 연인을 신뢰하며, 지지와 위안을 얻기 위해서 연인에게 다가가는 것이 어렵지 않은 '안정적 애착 secure attachment'이 형성된 사람들입니다. (C)는 버림받을까 봐 끊임없이 걱정하고, 연인이 할 수 있는 수준보다 더 강력하게 친밀한 관계를 바라는 '양가적 애착 insecure-ambivalent attachment'이 형성된 사람입니다.

힘든 일이 있을 경우 내 안으로 숨는 사람들은 주로 회피적 애착이 형성된 사람입니다. 세상과 타인과 연인에 대한 믿음이 없기 때문에 힘든 일은 혼자 견디고 이겨내야 한다고 생각하는 사람입니다. 내 연인이 이런 애착 유형이면 애달파할 수밖에 없습니다. 힘든 상황이 오면 애인과의 관계가 소원해지고 나를 필요로 하지 않는 모습 때문에 마음이 아프지요. 혹 내가 잘못한 것이 있나, 내가 도움이 안 돼서 나에게 말을 하지 않나 싶어 내 안에서 이유를 찾곤 합니다. 그러나 이는 나의 문제가 아닌 그의 문제라는 것을 알면 좀 마음이 편해지실 겁니다.

어릴 때 형성된 애착이 평생 가느냐고 묻는다면 그건 아닙니다. 살면서 나에게 의미 있는 여러 타인을 만나며 회피적이거나 양가적인 애착을 가진 사람도 안정적인 애착의 모습을 띨 수 있습니다. 가장 많은 영향을 주는 사람은 안정적 애착을 가진 연인이나 배우자입니다. 안정적 애착을 가진 사람들은 보다 열정적으로 세상을 탐색합니다. 어떤 문제를 해결하는 데 최선의 노력을 하고 끈기를 보입니다. 그리고 좌절 상황에서 남들에게 적절한 도움을 구합니다. 힘들 때 솔직하게 정서적 위안을 구하는 사람들입니다. 즉 그들은 '자율성'과 '의존성' 사이의 적절한 균형을 가지고 있으며 상황과 맥락에 맞게 모드 변화를 해가며 인간관계를 운용하는 사람들입니다.

2020년 방영한 드라마 〈청춘기록〉의 사해준(박보검 분)과 안정하(박소담 분)를 보면 안정적 애착을 가진 남녀가 만나 서로의 사랑을 키워가는 과정이 잘 그려져 있습니다. 가장 힘들고 어려울 때 나의 연인에게 정서적 지지를 구하고 상대방은 아낌없이 이를 베풀어줍니다.

"할아버진 아이들에게 말했어.

비가 그칠 때까지 밖에 나가지 말라고.

우린 처음부터 빗속에 있었어.

어른은 비가 내려도 밖에 나가야 되잖아.

그런데도, 너와 함께라면 빗속이라도 즐거워."

어려운 상황에서도 너와 함께라면 행복하다고, 팍팍한 현실에 유일하게 위로가 되는 건 너와의 사랑이라고, 같이 비를 맞으며 춤추던 기억을 떠올리며 주인공이 전한 메시지가 가슴 뭉클한 울림을 남깁니다.

새로운 형태의 인간관계를 학습하고 경험하고 느끼면서 안정적 애착의 모습으로 바뀌어 간 사람들을 수변에서 종종 봅니다. 내 연인의 애착 유형 이전에 혹 내가 가지고 있는 애착 문제를 한번 살펴보면 어떨까요? 나의 안정적 애착은 나를 넘어서 나의 연인에게서 안정적 애착을 끌어내는 강력한 힘이 될 수 있기 때문입니다. 그건 나와 내 연인의 사랑을 더욱 깊게 만들어줄 겁니다.

"힘내"라는
말보다
좋은 위로

나의 연인이 힘든 시기를 지나가고 있습니다. 연락도 뜸해졌고 당장 내가 도울 일이 없다는 것이 나를 힘들게 합니다. 하루에도 몇 번씩 힘내라고 위로하고 싶습니다. 그런데 이런 말도 부담이 되나 봅니다.

회사 일도 인간관계도 뜻대로 되지 않는 와중에 그의 아버지가 디스크 진단을 받게 됐단 소식을 들었습니다. 이런 일이 두어 달 사이에 연달아 터지다 보니 그는 혼자 많은 걸 속으로 삭이며 힘든 하루를 보내고 있습니다. 그가 다시 장난을 좋아하고 씩씩한 모습을 되찾으리라고 믿지만 그래도 견딜 수 있을 만큼의 시련만 겪었으면 좋겠습니다. 나중에 이 시간을 이겨냈을 때 내가 옆에 있어서 덜 힘들었다고,

고마웠다고 생각했으면 좋겠습니다.

우리가 살면서 잘 하는 실수가 있습니다. 바로 우울한 사람에게 "힘내라"라는 말을 하는 경우입니다. 나의 긍정적 정서가 친구에게도 옮아가 격려가 됐으면 하는 마음인 건 잘 압니다. 그러나 이런 말을 듣더라도 상대방은 힘이 하나도 안 납니다. "너 진짜 힘들어 보인다. 다크서클이 무릎까지 내려왔네"라는 말도 역시 위로가 안 됩니다. 요즘 젊은 사람들 표현으로 '팩트 폭력'이자 나의 힘든 상황을 한 번 더 짚어주는 것이 되어 듣기 싫습니다. 차라리 "뭐, 생각보다는 얼굴이 나쁘지 않네. 조금만 더 버티면 상황이 나아질 거야"라고 하는 또 다른 친구의 말이 더 귀에 들어오고 작은 위로를 전해줍니다.

그러나 이런 위로의 말들이 상대방에게 잘 전달되지 않는 이유는 말을 하는 내 탓은 아닙니다. 사람은 본인이 힘들고 우울하고 불안한 상황이 되면 누구나 과도한 '자기 몰입self-absorption'이 됩니다. 왜 이런 일이 일어났는지 과거를 곱씹고 곱씹습니다. 그 과정에서 본인이 한 작은 실수가 확대되어 느껴지고 이는 자신에 대한 비하 감정으로까지 이어집니다. 당장 이를 어찌해야 하나 걱정하면서 플랜A, 플랜B, 플랜C 등 온갖 경우의 수를 고민하느라 머릿속이 꽉 찹니다. 자연스레 주변 상황이나 사람들에게 정상적으로 쓰고 있는 에너지까지 다 잡아먹힙니다. 그래서 위로를 전하는 연인의 말이 귀에 안 들어오고 소위 어딘가 멍 때리는 듯한 모습을 보이게 되는 겁니다.

누군가는 이런 자기 몰입이 과해 껍질 안으로 숨어 들어가는 듯한, 언뜻 회피의 방어기제를 쓰기도 합니다. 그러나 실은 힘든 일이 자신의 모든 생각과 감정을 차지하고 있어서 나 말고 타인들에게 나누어줄 에너지가 없는 겁니다. 그래서 연인과의 약속을 취소하며 무슨 일이냐고 묻는 연인에게 상황을 설명할 에너지도 안 생기는 거지요.

그러면 이런 연인에게 우리는 어찌해야 할까요? 바로 섣부르게 위로를 건네는 것이 아니고 공감을 보여주면 됩니다. 먼저, 연인의 말을 잘 들어주세요. 쉬운 것 같아도 쉽지 않습니다. 인간은 어느 정도 자기 몰입적인 면이 있어서, 약속을 취소하고 소홀해진 연인에 대해 왜 나를 서운하게 했는지 이유나 한번 들어보자는 마음가짐이 되기 쉽기 때문입니다. 그래서 마음을 열고 영혼을 담아 진정한 경청을 하기 어렵습니다. 이는 연인과의 관계뿐만 아니고 모든 사람과의 대화에 공통됩니다. 상대방의 이야기를 나의 사고방식으로 각색해서 듣는 게 우리는 더 익숙하기 때문입니다.

우리가 대화할 때는 나도 모르게 생각을 작동시킵니다. 그 생각은 주로 뭔가를 평가하는 내용일 때가 많습니다. 그리고 그 평가를 할 때는 주로 부정적인 평가를 하고 부정적인 감정을 불러일으킵니다. 이는 진화론적으로 당연합니다. 뭔가 타는 냄새가 날 때 산불이 났으니 도망가야 한다는 생각과 행동을 만들어 내는 것처럼 말입니다.

우리가 연인을 대할 때도 마찬가지입니다. 알게 모르게 내 머릿속에 그동안 매트릭스처럼 쌓아온 지식과 경험이 연인의 말을 자동적으로 평가합니다. 흔히 말하는 가치판단을 합니다. 그런데 이 판단은 절대적인 것이 아니고 내가 중요하다고 우선적으로 생각하는 가치에 바탕한 판단입니다. "회사 다니는 것이 힘들다"는 연인의 말에 "요즘 취업도 힘든데 더 참고 다녀 봐"라고 답하는 건 나의 가치관에 부합되지 않는 타인의 생각과 행동에 '틀리다'라는 '도덕주의적 판단'을 한 것입니다. 이럴 경우 상대방은 그 말에 방어적이 되어 아무 대꾸를 안 하거나 혹은 자기 입장에서 저항을 시도합니다. 결국 이런 '도덕주의적 판단'은 상대방의 자존감에 상처를 줍니다. 그래서 우리는 누군가를 대할 때 저 사람이 삶에서 가장 소중하게 생각하는 것은 무엇인지 고려하는 연습을 해야 합니다.

여기서 끝은 아닙니다. 잘 들어준 후에 나의 말로서 내가 이해한 것을 전달하고 상대방이 이를 확인하는 그다음 과정이 남아 있습니다. 이 단계까지 해주어야 제대로 된 공감이 이루어진 겁니다. 예를 들면 "내가 지금 마음이 힘들어" 하는 사람에게 "아, 그렇구나"가 공감은 아닙니다. "그렇구나, 그래서 며칠 동안 어찌 지낸 거야? 표정이 안 좋았던 것이 그래서였구나" 하는 것까지 나아가야 합니다. 상대방의 생각과 감정을 이해하고 이를 표현해주는 겁니다. 감정의 결과적인 강도까지도 알아봐주는 겁니다. 상대방이 말로 뱉은 내용 말고도 비언어적인 얼굴 표정과 몸짓의 뉘앙스까지 읽어주는 겁니다.

이 단계를 넘어서는 공감의 최고봉은 상대방의 숨겨진 감정과 욕구까지도 읽어주는 일입니다. "어련히 네가 알아서 결정할 텐데 엄마가 그리 말씀하시니 섭섭하지. 엄마가 너를 믿지 못한다고 느껴져서 속상했구나", "부장님이 네가 한 일에 대해서는 인정해주기를 바랐는데 그러지 않아서 화가 났구나" 하는 것 말입니다.

이런 수준 높은 공감은 상대방에게 자기 몰입적인 태도를 벗어나 연인과 함께 이 어려움을 나누고 싶은 마음이 들게 합니다. 정서적 지지를 해달라고 당당히 연인에게 요구하며 본인을 드러내게 해줍니다. "힘들고 어려운 상태에 있는 사람에게 공감은 한 사람이 다른 사람에게 줄 수 있는 최고의 선물이다"라는 유명한 심리학자 칼 로저스 Carl Rogers 의 말처럼 말입니다.

괜찮은 척 씩씩한 척 웃었지만,

너에겐 있는 그대로의 나를 보여주고 싶다.

I want to show you who I am.

건강하게
싸우고 화해하는
대화법

서로 살아온 환경, 성격, 입장이 다 다른데 가장 친밀하고 은밀한 관계를 맺는 사이가 연인이다 보니 우리는 연인과 자주 싸우곤 합니다. 연애 초반에는 서로가 조심스러워 상대방에 맞춰 내 욕구를 어느 정도 누르지만 연애가 지속될수록 원래 모습이 드러나게 되기에 자기주장을 하고 없던 말다툼도 생깁니다.

어쩌면 당연한 일입니다. 그래서 저는 너무 과하지 않다면 연인 사이의 싸우는 과정을 나쁘게 생각하지 않습니다. 이제 많이 친해져서 자기 본성을 드러내는구나, 누구 한 명이 일방적으로 욕구를 희생하지 않는구나, 이런 과정을 거쳐 서로에 대해 잘 알게 되겠구나, 조율이라는 성숙한 과정을 겪겠구나 같은 마음이 들면서 이 과정을 거쳐 관계가 짙어지리란 생각을 합니다.

또 동시에 마음껏 삐지고 토라질 수 있는 관계의 사람이 있다는 것에 축하를 보냅니다. 우리가 삐지고 토라지는 것은 주로 엄마에게 하는 행위입니다. 엄마가 조건 없는 내 편임을 알며 내가 어떤 말을 하더라도 나를 지켜주고 사랑할 거라는 확고한 믿음이 있으니까요. 회사의 과장님이 나에게 경우 없게 대했어도 속으로 삭히고 친한 친구에게 뒷담화나 하고 말지 나의 불편한 심기를 있는 그대로 드러낼 생각은 안 하니까요. 그러니까 삐지고 토라질 수 있는 연인이 있다는 것이 행운이라는 말입니다.

물론 싸움 중에도 바람직하지 못한 싸움이 있습니다. 주로 나의 불편한 마음이 상대방에게 '투사 projection'될 경우입니다. 예를 들어 남자친구가 회사에 비상사태가 생겨 부서 회의에 프리젠테이션 발표에 야근에 정신이 없어 전화를 못 할 수 있습니다. 그럴 때 "나에 대한 사랑이 식은 거 아니야?"라면서 닦달하는 경우입니다. 나 자신의 불안감을 아무 문제가 없는 상대방에게 투사한 거지요. 비슷하게는 너무 피곤해 매일 하던 자기 전 통화를 못 하고 잠이 들었는데 다음 날 일어나 보니 부재중 전화가 20여 통이 와 있으며 전화를 안 한 문제로 나를 무시한다며 싸우는 경우입니다. 혹은 커플 모임에 같이 나간 남친이 친구의 여친에게 "외모도 출중하시고 유명한 회사에서 능력도 인정받고 계시니 얘가 전생에 나라를 구했나 봐요"라는 인사치레를 했는데 나는 그 사람보다 얼굴도 안 예쁘고 다니는 회사도 조그마한데 혹시 나에 대해 아쉬운 생각을 하고 있는 게 아니냐는 생각이 불쑥 듭니다. 갑자기 전화를 걸어 내가 그리 마음에 안 차면 왜 사귀었냐고 밑도 끝도 없는 시비를 겁니다.

이는 어떤 상황을 객관적으로 보지 못하고 나의 왜곡된 필터로 해석한 결과를 상대방에게 해명하라 요구하는 태도입니다. 상대방은 별 생각 없이 한 행위에 대해 혼자만의 소설을 쓰는 것입니다. 그래서 혹시 내가 그런 성향이 있나, 내 연인을 힘들게 하고 있지는 않나 객관적으로 볼 필요가 있습니다.

연인과 건강하게 싸우고 화해하여 긍정적으로 두 사람의 관계가 더 깊어지고 돈독해지길 원하는 사람에게 저는 마셜 B. 로젠버그 Marshall B. Rosenberg 의 '비폭력 대화 NonViolent Communication'를 소개합니다. 이 대화법은 연인만이 아닌 일반 관계에서도 아주 유용합니다. 특히, 살면서 우리가 비판적이고 듣기 힘든 말을 들었을 때 습관적이고 자동적인 반응을 내보이는 게 아니라 마음에서 일어나는 감정을 명료하게 인식하면서 진솔하게 표현하는 방법을 알려줍니다. 그리하여 상대로 하여금 저항보다는 공감을 할 수 있게 하는 아주 훌륭한 대화법입니다.

1 관찰 · 사실
판단이 섞이지 않는 그대로의 상황이나 사실을 묘사합니다.
"네가 지금 힘들다고 하는 말을 들으니"

2 느낌 · 감정
자신의 느낌을 말합니다.
"내가 지금 걱정이 많이 돼."

3 욕구 · 필요
내가 지금 필요로 하거나 원하는 것을 말합니다.
"내가 뭐라도 도와주고 싶어."

4 요청 · 부탁
지금 할 수 있는 일을 구체적으로 요청합니다.
"그러니 내가 뭘 하면 네가 힘든 것이 나아질 수 있는지 말해줄래?"

얼핏 쉬워 보이지만 막상 해보면 쉽지는 않습니다. 왜냐하면 우리는 많은 경우 관찰이나 사실이 아닌 판단이나 해석을 하기 쉽습니다. 그리고 자신의 느낌과 감정의 뉘앙스와 색깔을 정확히 표현하는 연습을 하고 산 적이 없습니다. 또한 연인 사이에 욕구를 표현하는 것이 난감할 때가 있고 그 욕구라는 것이 명확하지 않을 수도 있습니다. 예를 들면 우리의 사랑이 영원하길 원한다는 그런 욕구 말입니다. 또 나도 정확히 뭘 원하는지 모를 때가 있습니다. 상대방이 전화를 하루에 다섯 통 이상 해주면 나의 외로운 감정이 해소될지 안 될지 그조차 잘 알 수 없기 때문입니다.

비폭력 대화는 나를 들여다보고 내가 원하는 것이 무엇인지 잘 알게 해줍니다. 그리고 이런 소통방식이 익숙한 사람들 사이에서 더욱 효과적인 방법이지요. 대부분의 연인들은 상대방이 나의 서운함을 미리 알아주길 원하고 거기에 맞는 합당한 방식으로 나의 토라짐을 풀어주길 원합니다. 이는 모두 상대에 대한 기대가 있기 때문입니다.

나의 연인이 내가 말하지 않고 표현하지 않으면 나의 감정과 욕구를 잘 모른다는 전제를 가지고 대합시다. 원하는 바를 꼭 집어서 표현해봅시다. 이런 솔직함이야말로 건강한 싸움을 통해 연인과의 관계를 더 좋게 만드는 길이니까요.

사랑하는 사람에게
자주 하면
좋은 말

뭔가 근사한 마법의 말이 있을 것 같습니다. 사랑하는 사람을 내 편으로 확 끌어당기고 그와의 사랑이 돈독해지는 그런 말 말입니다. '사랑해', '고마워', '미안해' 뭐가 좋을까요? 이런 흔한 말 말고 임팩트 강한 게 없을까 고민이 됩니다. 유튜브에서 '사랑을 깊어지게 하는 비법'으로 소개하는 멘트를 언젠가 써먹으리라 다짐하며 들어봐도, 막상 나의 연인에게 적용해보면 어딘지 어긋나는 느낌을 받으실 겁니다. 왜냐하면 멘트의 내용 자체보다는 관계의 상황과 맥락이 더 중요하며 이것은 예측불가이기 때문입니다. 예를 들어 내가 뭔가를 잘못해서 심기 불편해 있는 연인에게 "내 곁에 항상 네가 있어 고마워"라고 말

한다면 번지수를 잘못 찾은 거지요.

　그러나 사랑을 하고 있는 우리는 노력해볼 순 있습니다. 두 가지를 기억합시다. '적극적'이고 '긍정적'인 반응을 말입니다. 예를 들어 남자친구가 회사에서 부서 이동을 하게 되었다는 말을 꺼냈을 때 "잘됐네. 당신에게 경험을 넓힐 수 있는 좋은 기회구나" 하는 방식입니다. '적극적'이지만 '부정적' 리액션을 할 수도 있습니다. "이제 무지하게 바쁘겠네. 그 회사는 사람을 참 알뜰히 부려먹어" 하는 반응입니다. '소극적'이지만 '긍정적' 방식은 "잘됐네"에 그칩니다. '소극적'이면서 '부정적' 반응은 "오늘은 온종일 눈이 오네" 같은 식으로 그 사람의 얘기에 무관심한 것을 말합니다. 반응들 중에서 최악은 소극적·부정적 반응입니다. 이런 연인에게는 무슨 말을 꺼내기도 싫습니다.

　당연히 가장 좋은 경우는 적극적·긍정적인 반응을 하는 연인들입니다. 물론 현실적으로 모든 반응에서 적극적이고 긍정적일 수는 없습니다. 그러나 되도록 연인에게 리액션을 해줄 때 노력을 해볼 수는 있습니다. 이럴 때 우리는 서로에게 더 많은 정서적 공감을 할 수 있으며 함께 있어 행복하다는 긍정적 감정을 느끼게 되고, 그 감정은 앞으로도 이 사람과 함께하고 싶다는 미래에 대한 기대로 이어집니다.

　그러니 사랑하는 사람에게 어떤 말을 해주면 좋을까 세세하게 고민할 필요는 별로 없습니다. 단지 그에게 관심이 있으며 그를 들여다본다는 느낌을 가만히 전달하면 됩니다. 사랑하는 사이에 그게 뭐가 어렵냐고요? 실제로 어렵습니다. 특히 연인끼리 싸울 때를 가만히 생각해봅시다. 각자의 입장에서 자기 얘기만 하기 바쁩니다. 화해했다가도 또 시간이 흐르면 역시 반복되는 싸움의 수순을 밟고 있는 나의 모습을 발견하게 될 겁니다.

사소한 스몰토크에서부터 적극적·긍정적인 반응을 많이 해주는 커플일수록 싸움의 되풀이를 덜 겪습니다. 평소에 그의 말을 주의 깊게 경청하는 버릇과 그 말의 의미를 따라가면서 상대를 바라보는 연습이 되어 있는 커플이기 때문입니다. 즉 연인과 함께하는 시간에 나의 관심과 주의력을 연인에게로 오롯하게 쏟을 수 있습니다.

여자친구가 반려견의 죽음으로 슬퍼할 때 슬픔에 공감해주면서 "먼 훗날 하늘나라에서 너의 반려견이 네가 씩씩하게 남은 세월을 살다가 오는 모습을 기대하고 있을 거야"라는 말을 해주는 연인이 있다고 상상해보십시오. 너의 애도하는 마음 덕분에 반려견이 하늘나라에서 편히 쉴 수 있을 거라는 적극적이고 긍정적인 위로를 곁들여서 말입니다. 그런 연인이 작은 실수를 하더라도 우리는 그에게 너그러워질 수밖에 없습니다. 뭔가 사정이 있어서 그럴 거라고, 나 또한 깊은 이해와 공감을 그에게 보여줍니다. 위에서 언급한 무한반복 싸움을 하는 커플은 분명 서로간에 적극적·긍정적인 리액션을 많이 해주는 커플은 아닙니다. 그래서 심기가 어느 한쪽에서 불편해지면 꼬투리를 잡아 소모적인 감정싸움을 하게 되는 것이지요.

자, 지금부터는 나의 연인을 들여다보는 연습을 해봅시다. 그의 말과 마음을 따라가면서 그에게 내가 당신을 보고 있다는 메시지를 전해줍시다. 정말로 다행인 것은 이런 적극적·긍정적 리액션은 의식적인 연습과 노력을 통해 갈고 닦을 수 있다는 점입니다. 연인을 사랑하는 당신의 마음이 얼마든지 그 동력이 되어줄 겁니다.

나의 결핍

당신의 사랑은
당신의 마음을 닮았다

Your

Minds

"제 매력에
자신감이
없어요"

그대 앞에만 서면 나는 작아진다는 유명한 노래 가사가 있지요. 말 그 대로 사랑을 하게 되면 우리는 작아지고, 상대방은 커집니다. 즉 나를 과소평가하고 상대방을 과대평가하게 됩니다.

연애 초반기에 친구들을 만나 연애 사실을 털어놓는 상황을 생각 해봐도, 친구의 "그 사람 어디가 그리 좋아?"라는 질문에 기다렸다는 듯 답변을 쏟아내지만 "그 사람은 네가 왜 좋대?"라는 질문에는 잠깐 주춤합니다. 나는 그리 뛰어나게 예쁘지도 않고, 성격도 평범하고, 직 업도 그저 그런데 말이지요. 이쯤 되면 소심해집니다. 왜 그가 나를 좋아하는지 알 수 없어서요.

우리가 상대에게 매력을 느끼면서 관계는 시작됩니다. 매력魅力이라는 한자를 가만히 살펴보면 '매'는 매혹할 매이기도 하지만 도깨비 매, 요괴 매로도 쓰입니다. 즉 매력은 알 수 없는 도깨비나 요괴 같은 힘이라는 겁니다. 객관적으로 훌륭한 조건을 갖춘 사람이어도 나는 그가 비호감일 수 있고 남들이 다 말리는 악조건의 사람이라도 한눈에 사랑에 빠지기도 하지요. 사랑에 빠질 때 우리는 때로 객관성을 잃으며 이성이 작용하지 않는 알 수 없는 힘에 이끌리는 경우가 더 많습니다. 콩깍지가 낀 것이며 상대방에 대한 환상에 젖은 것입니다.

이 사랑의 '긍정적 환상positive romantic illusion'은 사랑하는 연인 사이에 꼭 필요합니다. 이 긍정적 환상은 상대방이 괜찮은 사람이라는 과장된 생각뿐 아니라 연인 또한 나를 사랑하며, 나와 그는 서로에게 영향을 끼칠 수 있는 돈독한 관계라는 것까지 포함합니다.

실은 이런 **상대방에 대한 긍정적 환상을 가질 수 있는 사람은 자존감이 높아서 자신에 대한 긍정적 자기 개념을 가지고 있습니다.** 이들은 상대방을 신뢰하며 상대방도 나와 비슷한 긍정적 자기 개념을 가지고 있을 거라 믿습니다. 재미있는 것은 실제로 이런 관계의 연인들은 그 긍정적 환상이 좋은 결말을 맺습니다. 왜냐하면 '자기 충족적 예언self-fulfilling prophecy'이라고 하여 인간은 자기가 기대하고 믿는 바를 현실화하려는 노력을 하며, 그 노력이 열매를 맺는 경우가 많기 때문입니다. 그리고 자존감이 높은 사람들은 본인과 비슷하게 자존감 높은 사람을 연인으로 택하는 경우가 많기에 서로의 관계가 시너지를 일으키게 됩니다. 반대로 우리 주위를 둘러보면 자존감이 낮은 사람들은 연인이든 친구든 가족이든 모든 인간관계에 회의적인 경우가 많습니다. 부정적 자기 개념이 본인을 넘어 관계를 맺고 있는 인간관계에 투사되면서 타인에 대한 신뢰가 낮고 미래에 대해 부정적인 모습을 보입니다.

주의해야 할 점은 때로 부정적인 자기 개념과 긍정적 타인 개념이 만날 수 있다는 것입니다. 자존감이 낮은 사람들 중에는 본인과 상대방 모두 끌어내리는 사람도 있는 반면에, 상대방을 위로 올리면서 스스로의 위치를 아래로 내리는 경우도 있습니다. 이럴 때 상대방의 말도 안 되는 과도한 갑질을 견디게 됩니다. 사랑은 원래 어렵고 힘들지만 극복해나가는 거야, 나만이 그 사람의 성질을 받아줄 수 있어, 언젠가 우리 사랑은 행복한 결말을 맞을 거야 등의 자기 합리화를 하면서 말입니다.

평범한 연애에서 우리가 평등한 관계로 만난다면 사랑에 대한 긍정적 환상은 좋게 작용합니다. 나와 함께 나의 연인이 크게 보이면서 이 사랑을 지켜나가기 위해 여러 노력을 하게 되니까요. 나도 그에게, 그도 나에게 향하는 쌍방향의 환상은 관계를 점점 돈독하게 만들어 줍니다. 그는 아무도 보지 못했던 나의 도깨비스러운 알 수 없는 힘을 알아봐 준 사람입니다. 내게 콩깍지가 씌워졌듯 그도 콩깍지를 쓰고 나를 보고 있습니다. 두 사람의 관계가 갑과 을이 아닌 동등하다는 느낌, 나도 그를 좋아하지만 그도 나를 좋아한다는 관계의 방향성이 양

쪽을 오간다는 느낌이 든다면 당신의 매력을 믿어보세요. 당신은 연인에게 충분히 매력이 있고 사랑스러운 존재입니다.

누군가를 너무도 사랑스럽게 볼 수 있는 사람은

나 자신도 충분히 그렇게

사랑할 수 있는 사람입니다.

If you can love someone, you can love yourself.

어느새
다 퍼주는
사랑

보리 씨는 20대 여자 환자였습니다. 지방 대학 졸업 후 중소기업을 다니고 있었고, 남자친구는 명문대 의대생이었습니다. 둘은 보리 씨가 구한 서울 변두리의 자취방에 동거하고 있었습니다. 남자가 학생이다 보니 방값이며 생활비는 보리 씨 몫입니다. 거기에 그의 용돈까지 대주는 상황이었습니다. 그가 과외로 쏠쏠하게 버는 돈은 친구들과의 술값, PC방, 당구장에 씁니다. 여기까지는 사랑하는 사이에 현재 능력 있는 사람이 경제적 책임을 기꺼이 더 지고 있구나 생각하면 이해할 수 있습니다.

어느 날 외래에 찾아온 보리 씨가 진료실에서 볼캡을 벗는데 누런

멍이 제 눈에 보입니다. 자초지종을 물어봅니다. 이번이 처음 맞은 거냐는 질문에 아니라고 합니다. 손찌검을 당한 지 1년이 가까워온다고 하네요. 무슨 이유로 때렸냐고 물어봤습니다. 원룸의 정리 정돈이 잘 안 되어 있다는 표면상의 이유이기는 하지만 밀려오는 시험 중압감을 푸는 패턴이라고 답변합니다. 친구들은 훨씬 전부터 헤어지라고 난리 치고 스스로도 옳지 않은 관계인 것은 아는데 헤어지기가 어렵다고 합니다. 이리 맞다가도 남친이 가끔 다정하게 굴 때면 그건 너무 달콤한 유혹인 거지요.

이런 케이스는 연인과 동등한 인간으로서의 관계가 아니고 갑과 을, 아니 갑과 병의 관계가 벌써 형성이 되었습니다. 보리 씨는 지방대 학벌과 중소기업 경리라는 본인의 위치에 열등감이 있었기에 남친이 장차 의사가 될 사람이라는 것에 큰 점수를 주었습니다. 이건 보리 씨뿐만 아니고 평범한 여자들에게도 유혹이 될 수 있는 매력적인 외적 조건이기는 합니다. 그러나 관계가 저리 최악으로 치닫는 상황이 되면 대부분은 결별을 택하게 됩니다. 보리 씨가 그러지 못하는 데엔 좀 더 깊숙한 이유가 있습니다. 어려서부터 부모님은 냉정하고 차가운 분들로 감정을 돌봐주지 않았습니다. 그런 영향으로 보리 씨는 친구들과의 관계에서도 과도하게 잘해주며 그들의 마음을 사는 데 급급했습니다. '내가 잘해주지 않으면 친구와 애인이 떠날 거다', '나는 이런 일을 잘해야만 존재 의미가 있다'는 생각이 깊숙이 자리 잡았는데, 거기에 지금 인성 안 좋은 의대생을 만나 연애는 최악으로 흘러가게 됐습니다.

일단 그는 남의 감정을 착취하는 것에 익숙합니다. 그런데 처음부터 끝까지 초지일관 나빴더라면 이런 관계에서 벗어날 수 있었을 겁니다. 그러나 아주 가끔 그가 던져주는 당근이 너무나 달콤합니다. 설거지를 하고 있으면 뒤에서 끌어안으며 맛있는 저녁 해줘서 고맙다고 볼에 뽀뽀합니다. 음, 제 기준으로는 고무장갑을 벗어라, 내가 설거지를 하마 하는 남자가 더 멋있게 느껴지는데 20대 그녀는 살면서 잘못했을 때 부모님에게 구박만 받아온 터라 남친의 작은 애정 어린 행위가 너무나 크게 느껴집니다. 누구로부터 전화 한 통 안 오는 내 생일에 남친은 그래도 내 별자리가 새겨진 열쇠고리를 생일선물로 준비해줍니다. 내가 좋아하는 봉골레 스파게티를 사주며 의사가 되면 더 맛있는 것을 먹자고 합니다. 여자는 값비싼 까르띠에 팔찌보다 열쇠고리를 고르고 준비한 남친의 마음에 감동받습니다. 이렇듯 나쁜 놈들은 흔히 사람의 약점을 공격하고 꼬실 줄 압니다. 가끔 던져주는 당근의 약발을 잘 아는 거지요.

이런 당근을 심리학 전문용어로 '간헐적 강화intermittent reinforcement'라고 합니다. 모든 행동에 매번 보상을 주는 '연속 강화continuous reinforcement'의 경우 보상을 안 주면 즉각적으로 행동을 중단(소거extinction)하게 됩니다만 간헐적 강화의 경우 도박에서 잿팟이 터지듯 그 보상이 언제 터질지 모르기 때문에 계속 돈을 집어넣게 됩니다. 이 간헐적 강화는 매번 보상을 주지 않더라도 어떤 행동이 소거되지 않도록 강력한 세팅을 합니다. 폭력적인 관계라고 느끼면서도 헤어나오지 못

하는 이유입니다.

혹시 내가 이런 패턴의 연애를 하고 있다면 내가 도박과 같은 간헐적 강화에 길들여진 것은 아닌지 돌아보셔야 합니다. 나는 어떤 부분의 결핍을 당근으로 생각하는지, 나의 콤플렉스를 투사시켜 평범한 흙당근을 금당근이나 다이아몬드 당근이라고 과하게 생각하고 있지 않은지, 그래서 잿팟을 꿈꾸는 사람처럼 가끔 던져진 당근에 취해 나를 함부로 대하는 그의 채찍을 감당하고 사는 건 아닌지 살펴보세요. 그래서 실은 연애란 그와 내가 하는 거지만 어쩌면 나와 내 자신이 하는 것이라고 거듭 말씀드렸습니다.

보리 씨 커플의 행방이 궁금하시다고요? 저는 보리 씨에게 다른 거 다 떠나서 당장 폭력에서 빠져나오라는 조언을 하였습니다. 과거 부모와의 관계에서 생긴 결핍이나 남친이 스스로의 열등감을 보리 씨에게 투사하는 건 그다음 문제입니다. 폭력은 보리 씨의 신체적 경계를 침범하는 것이고 언어폭력 또한 보리 씨의 정신적 경계를 침범하면서 자아를 마구 훼손시키고 있는 상황이니까요.

문제는 보리 씨가 이런 폭력에 길들여져 뭐가 문제인지 인지하지 못하는 '공동의존co-dependence' 상태에 있었다는 겁니다. 공동의존은 약물 중독이 된 환자의 가족에게 많이 보이는 병적인 상태입니다. 예를 들어 술에 진탕 취해 회사에 못 나가는 남편을 대신해 장염에 걸렸다는 거짓말을 대신해준다든가 술을 마실 것을 알고도 돈을 대주는 등 생활방식에 오랜 세월 길들여진 것을 말합니다. 보리 씨의 남친은 폭력과 착취를 일삼는 행위를 반복하는 상황이고 보리 씨는 이 행위에 중독되어 있는 겁니다. 그에게는 그래도 나밖에 없잖아, 그래도 가끔은 나를 사랑해주잖아, 내가 그를 잘 보듬으면 변할 거야, 그래도 이런 보잘것없는 나를 사랑해주잖아…… 등등의 자기 합리화를 하면서 말입니다.

결국에 이 커플은 남친이 인턴으로 근무하게 되면서 관계가 깨졌습니다. 보리 씨는 여전히 남친에게 헌신적인 생활을 계속했지만, 그는 병원 당직이 많아 집에 들어오기 힘들다는 변명을 시작했습니다. 나중에는 근무하는 대학병원에서 멀다는 이유로 병원 근처에 혼자 사는 원룸을 구하게 되었습니다. 남친의 원룸에 밑반찬을 갖다주러 갔던 보리 씨가 그 방에서 다른 여자의 흔적을 발견하게 된 삼류 드라마의 막장 스토리로 이야기는 끝을 맺습니다. 보리 씨는 오랜 기간 힘들어하였고 지금도 간신히 본인을 추스르며 살아가고 있습니다. 이런 혹독한 경험이 보리 씨에게 남긴 것은 남자를 넘어 인간에 대한 불신입니다. 보리 씨의 밝았던 성격이 시니컬해졌습니다. 이렇듯 큰 상처는 때로는 인생 전반을 뒤틀리게 만듭니다. 참으로 안타깝습니다.

우리는 과도한 헌신을 하는 것이 아니고 최선을 해야 합니다. 헌신과 최선의 차이는 한 끗인데 헌신은 나를 희생하면서 상대방을 위해주는 것이고, 최선은 나와 상대방 모두를 위하는 것입니다.

연애를 할 때 상대방이 아닌 나를 더 사랑하라는 많은 연애 유튜버들의 말이 우리를 현혹합니다. 그런데 어찌 사랑을 하면서 이런 저런 계산을 다 하나요? 저는 사랑할 때 최선을 다해야 한다고 생각합니다.

그 사랑의 끝에 헤어짐의 결말이 있더라도 말입니다. 나는 사랑했노라, 그래서 행복했노라고 당당히 스스로에게 말할 수 있게 말입니다.

혹 이 글을 읽고 오해하실 분이 있을까 봐 최선을 다하라는 의미를 좀 더 구체적으로 알려드리겠습니다. 내가 연애 전에는 직장생활과 친구관계와 가족관계에 설렁설렁 80~90점으로 살았다면, 연인이 내 삶에 새로이 들어왔으니 20~30점을 더해서 100점~110점 정도로 에너지를 내어보시라는 것입니다. 연인이 생기면 넘치는 에너지와 충만감으로 10점 정도는 오버해서 살아도 많이 지치지 않습니다. 그리고 그중에서 나에게 쓰는 에너지와 연인에게 쓰는 에너지를 50대 50으로 배분하세요. 내가 평일 야근을 끝내고 자정에 집에 왔는데 내 일모레가 빼빼로데이라 남친 회사 상사 몫까지 챙긴다고 쿠키 반죽을 새벽 2시까지 열심히 하고 잠들라는 얘기는 아니라는 겁니다. 이리 살게 되면 평소의 80~90점이 아닌 160~170점까지 거의 1인 2역할을 하는 정도로 에너지를 내게 되어 인간은 소진이 되니까요.

연애가 끝날 경우 **과도한 헌신은 온전한 내가 소멸되고 최선은 온전한 나로서 존재하게 합니다.** 연애가 이어지더라도 헌신은 내가 일방적으로 희생하는 것이고 최선은 나의 행복 또한 포기하지 않는 삶입니다. 나한테도 최선을 다하고 연인과의 관계에도 최선을 다하는 삶 말입니다. 그래야 설사 연애가 끝나더라도 깔끔히 나의 과거로 보내지기 때문입니다. 그리하여 또 다른 시작을 위해 앞으로 나아갈 수 있기 때문입니다.

너에게
의존하는
나의 애착 유형

인간은 누구나 다른 사람에게 의지하고 보호받으려고 하는 '의존 dependence'의 동기를 가지고 있습니다. 태어나는 순간부터 혼자 생존하기 어려워 절대적으로 부모의 보살핌을 필요로 하기에 선사시대부터 DNA 자체에 프로그래밍화 되어 있는 동기입니다. 게다가 인간은 여러 동물들 중에서 가장 무력한 상태로 태어나며 혼자 독립할 때까지의 기간이 가장 긴 동물입니다. 그래서 내가 홀로 설 때까지 타인의 보살핌을 필요로 합니다.

그러한 습성이 성인이 될 때는 중요한 타인들로부터 애정과 보호를 갈구하는 '친화affiliation'의 동기로 바뀝니다. 그래서 친구를 사귀고 연인을 만들며 각종 사회적인 모임에 자발적인 참여를 합니다. 이 과정에서 누군가는 혼자 서는 자율성의 가치가 중요해지며 누군가는 타인에게 과도하게 의지하는 의존성의 가치를 높이 사게 됩니다. 또 누구는 한 손에 자율성을 다른 손에 의존성을 두고서 상황에 따라 무게 두는 쪽을 바꾸기도 합니다. 사람마다 이처럼 다른 모습을 가지게 된 이유는 타고난 선천성도 있으며 양육 과정에서 부모가 보여준 애착에 따라 다를 수 있고, 각자 경험하게 되는 타인과의 경험치가 다르기 때문입니다.

여름 씨는 조금이라도 남친과 연락이 안 되는 것을 못 견뎌 합니다. 연락이 안 될 때면 일어나지도 않은 결별에 대해 곱씹고 또 곱씹습니다. 여름 씨처럼 의존 동기가 지나치게 강한 사람은 상대방이 아무리 관심과 애정을 쏟아부어도 부족하다 느낍니다. 혼자 있는 것을 못 견디며 늘 상대와 함께 있기를 바랍니다. 늘 상대방에게 관심과 애정을 확인하려 듭니다.

이런 여름 씨를 살펴보면 과거에 부모로부터의 애착 경험이 좌절되어 충족이 안 된 경우가 많습니다. 앞에서(p.31) 살펴본 애착 유형에서 양가적 애착에 해당됩니다. 어린 시절의 영향으로 이런 불안정한 애착이 발달되고 성인기까지 지속되어 현재 연인과의 관계에서 힘든 사람들을 살펴보면, 자신이 혼자서도 잘 설 수 있다는 자기 확신이 없으며 타인이 나를 잘 돌봐줄거라는 타인 신뢰도 부족합니다.

그들을 지배하고 있는 주된 정서는 '불안'입니다. 왜 이리 되었냐면 대개의 경우 삶에서 단 한 명의 성숙하고 따뜻하며 지속적이고 안정된 관계를 나눈 양육자를 경험하지 못했기 때문입니다. 반대로 경제적으로든 정서적으로든 어렵고 힘든 가정환경 속에서도 단 한 명이라도 따뜻한 지지를 보내는 어른이 존재했다면 성인이 되어 안정 애착을 형성하는 경우가 많습니다. 즉, 사람은 어렸을 때 경험한 세상이 나를 이루는 근본 틀로 작용해 성인이 되어서도 내가 세상을 바라보는 방식과 세상에서 내가 나아갈 길과 내가 맺는 사람들과의 관계를 결정하게 됩니다.

사람에겐 태어나면서 삶에 중요한 영향을 끼치는 '결정적 시기 critical period'란 것이 존재합니다. 어려서 아이들과 마음을 나누고 이런저런 대화를 못 해본 부모라면 아이들이 성숙한 어른이 됐어도 대화와 소통이 잘 되기 어렵습니다. 오히려 제 외래에는 '어려서 관심도 없던 아빠가 이제 정년퇴직하고 시간이 많으니 귀가 시간부터 돈 씀씀이까지 간섭을 한다', '어려서 대화 한 마디 없었는데 지금 회사 끝나고 온 나를 붙잡고 이런저런 얘길 묻는 게 짜증 난다'라는 20~30대 환자들을 많이 봅니다.

애착이 필요한 결정적 시기에 한 양동이의 애착으로 해결되었을 문제가, 다 크고 난 후에는 도대체 몇 개의 양동이가 필요할지는 아무도 모릅니다. 확실한 건 한 양동이로는 간에 기별도 안 갑니다. 내가 알고 자란 세상과 타인에 대한 시각과 틀을 뜯어고쳐야 하는 작업이니 얼마나 많은 양의 물이 필요하겠습니까?

만일 내가 이런 의존 동기가 강한 사람이라면 성인이 되어 현실 속 타인과의 관계에서 양동이를 채워 넣어야 합니다. 앞에서(p. 32) 말씀드린 대로, 성숙하고 안정적인 연인이 있다면 과도하고 부적절한 의존 동기에서 벗어날 수는 있습니다. 물론 쉽지는 않습니다. 불쑥불쑥 나의 결핍된 무언가가 튀어나와 과도한 양동이의 물을 요구할 테니 말입니다. 그런데 나의 양동이 물을 채워주는 연인은 전생에 무슨 죄로 나의 어릴 적 해결되지 않은 불안정한 애착을 계속 채워주어야 하나 모르겠습니다. 더구나 언제까지 어느 정도의 양동이 물이 필요할지 견적도 안 나오는 불확실함을 견뎌가면서 말입니다.

연인은 친구나 직장 동료, 학교 선후배, 동호회 회원 같은 관계와는 다릅니다. 나의 제2의 부모 혹은 나의 자아가 확장된 존재라서 다른 타인들을 대할 때 갖추게 되는 기본 예의를 잊어버릴 때가 종종 있습니다. 친한 친구의 큰 실수도 쿨하게 용서해주는데 연락을 깜박했다든가 피치 못할 일로 약속을 못 지킨 내 연인의 사소한 실수는 '나를 덜 사랑해서'라는 프레임을 씌워 대역 죄인으로 몰고 가지요. 물론 대인배인 나의 연인은 내 서운함과 속상함을 다독여주며 다시는 그러지 않겠다며 나를 달래줄 겁니다. 아직까지는 연애 초반이기에 연인의 귀여운 투정쯤으로 받아들이며 말입니다. 그러나 연인의 너그러운 이해심은 언젠가는 바닥날 것이고 연인의 불안정한 애착이 튀어나오는 순간을 귀여운 투정으로 보는 게 아니라 '또 시작이네', '지겨워 죽겠다'는 마음으로 변하게 될 것입니다. 왜냐하면 내가 부리는 투정은 연인 사이에 있을 법한 어리광이나 삐짐을 넘어서 불안정한 애착이 투사된 과한 집착이나 닦달로 변질되었기 때문입니다.

불안정한 애착이 형성된 내가 세상을 보는 기본 틀은 '불신'입니다. 그 틀 안에 나의 연인도 포함되어 있습니다. 그래서 시시때때로 '이래도 나를 사랑해 줄거야?'라는 마음으로 나의 연인을 테스트합니다. 이렇게 '불안'의 시각과 '불신'의 틀을 내 연인에게 과하게 드러낼 때 그를 힘들게 할 수 있습니다. 물론 양동이의 물을 세상의 누군가가 채워주어야 하지만 그건 오롯이 내 연인만의 몫은 아닙니다. 내가 앞으로 세상과 관계를 맺는 과정에서 동성 친구나 마음이 잘 맞는 지인, 직장에서 만나 멘토가 된 연장자에게서 조금씩 채울 수 있습니다. 그런 다양한 사람들과의 성숙한 관계 경험은 불안의 마음을 안정으로, 불신의 틀을 신뢰의 틀로 조금씩 바꾸어줄 겁니다.

물론 가장 우선적으로 내가 이런 애착을 가지고 있는 사람이라는 것을 먼저 알아야만 합니다. 그걸 인식하고 여러 타인과의 관계에서 왜곡되었던 시각과 패턴으로 굳어진 내 행동의 틀을 조금씩 교정해야만 남들도 내 양동이에 물을 채워줄 것이기 때문입니다. 그래서 냉정하게 이 양동이의 물을 채워 넣을 수 있는 사람은 타인이 아닌 자신입니다.

그러니 나는 자기 성찰의 눈을 가지고 깨어 있어야 합니다. 연인과의 관계뿐만 아니고 삶 전체에서 이런 자기 성찰의 눈은 나 자신을 성장시키고 좀 더 행복한 방향으로 이끄는 첫 걸음이 됩니다. 나의 과거 애착의 좌절과 이로 인한 과도한 의존 동기, 그러한 모습 때문에 내가 사랑하는 나의 연인을 혹 힘들게 하고 있나 보고 또 보셔야 합니다.

너무 많은
이해심은
무관심일까

가을 씨는 최근 남자친구와 영화관에 가다 엘리베이터 안에서 우연히 옛 남친을 마주쳤습니다. 마침 평일 조조영화인지라 딱 셋만 타게 된 어색한 분위기 속에서 겨우 안부 한두 마디를 나눴습니다. 남자친구의 눈치를 살피느라 그날은 무슨 영화를 봤는지 기억도 안 납니다. 그런데 남자친구는 여기에 관해 별다른 말을 하지도 않으며 누군지도 묻지 않습니다. 가을 씨는 남자친구가 매사 이런 식이라는 생각이 들어 은근히 시운합니다. 그는 연인 사이라도 그와 나의 영역을 구별 짓습니다. 내 영역이라고 생각하면 간섭하지 않고, 또 자기 영역인 부분은 그대로 지켜갑니다. 학원이나 모임 등 그만의 주말 루틴이 있어

다들 데이트하는 주말에도 2~3주에 한 번꼴로 만납니다.

'그대가 사랑하는 사람을 보면 그대가 어떤 사람인지를 알 수 있다.' 19세기 프랑스 시인이자 작가인 아르센느 우세^{Arsene Houssaye}의 말입니다. 사랑뿐만 아니고 어울리는 무리를 보면 그 사람이 어떤 사람인지 보입니다. 유유상종으로 비슷한 사람끼리 만나고 친해지고 사귀니까요. 가을 씨와 남자친구는 엄밀히 말해 유유상종의 법칙에 잘 들어맞지 않습니다. 특히 '영역'에 관한 인식이 서로 다릅니다. 너와 나의 영역이 겹치지만 그림에도 다른 부분이 있음을 아는 능력입니다. 이 정도는 사람마다 다릅니다. 아래 그림처럼 말입니다.

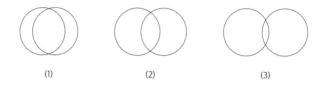

(1)   (2)   (3)

첫 번째 그림은 서로 많은 영역이 겹치는 그림이고 두 번째, 세 번째 그림은 겹치는 영역이 점점 작아집니다. 사람마다 자기만의 영역을 남과 나누는 정도는 다릅니다. 첫 번째가 반드시 훨씬 풍요로운 관계인 건 아닙니다. 물리적, 시간적, 정신적 영역을 상대와 어느 정도까지 나누고 허용하냐는 개인적 차이일 뿐입니다. 연인이든 친구든 이 수준이 비슷한 사람끼리 관계가 오래갑니다.

연인과의 만남은 자아의 확장이라고 말씀드렸습니다만 그 의미는 타자와 내가 서로 합쳐지게 되는 측면도 있습니다. 연애 초기에는 너와 내가 겹친다는 그 마술과도 같은 감정의 황홀함에 푹 빠집니다. 그러나 시간이 지날수록 내가 가지고 있던 영역대의 원래 모습을 찾아가게 됩니다. 가을 씨의 경우 그 영역대가 첫 번째 그림에 속하는 사람이기에 세 번째 그림인 남자친구가 보이는 너무 많은 이해심에 서운함을 느낍니다. 반면 남자친구는 분명한 나만의 영역이 있으며 상대방도 그럴 거라 생각하는데, 가을 씨가 그 영역을 침범할 경우 확 선을 그을 가능성이 농후합니다. 아직까지는 겉으로 표현 안 하고 속으로 끙끙 앓고 있지만 곧 '일주일에 한 번 이상은 만나야 한다', '연인 사이에 전화는 적어도 매일 네다섯 번 이상은 주고받아야 한다' 등 가을 씨가 원한 방식의 연인 역할을 요구한다면 오히려 두 사람의 거리는 멀어질 수 있습니다.

여기서 연인이기에 서로 양보를 해서 중간쯤 가는 해결책도 있습니다. 그러나 둘 다 역시 불만족스러울 겁니다. 그래서 우리는 사람을 만날 때 시간이 가면서 상대방의 영역 구분도 한번 보셔야 합니다. 이를 내가 견딜 수 있으면 관계를 끌고 나가는 거고 견딜 수 없으면 관계 정리를 하는 것이 현명할 수 있습니다. 끝없는 서운함의 도돌이표를 무한반복하지 않으려면 말입니다.

상대방을 뜯어고치려는 노력을

사랑하기 때문에 그러는 것이라고 말한다.

그것은 전혀 진실이 아니다.

사랑은 모든 것을 받아들인다.

사랑은 상대방을 있는 그대로 존중한다.

- 오쇼 라즈니쉬^{Osho Rajneesh}, 인도의 철학자

환승이별과
만남을
거듭하는 심리

주변에 보면 연애를 쉬지 않는 사람이 있습니다. 헤어지고 나서 슬프겠다 싶은 애도 기간이랄까 시간 간격 없이 바로 다른 사람을 만나고, 그 연애가 잘 안 되면 또 다른 사람과 사귑니다.

끊임없이 연애 상대를 만나야만 하는 사람은 첫 번째로, 나 혼자 설 수 없는 유형입니다. 마치 어린아이가 부모를 찾듯이, 이번 부모가 아니면 나를 사랑해줄 다음 부모를 찾습니다. 애정 욕구가 결핍된 사람들입니다. 채워지지 않는 애정 욕구로 상대를 찾아 헤매니 자연스레 '을'의 위치가 될 수밖에 없습니다. 상대가 어떤 사람인지 심사숙고하고 나랑 맞는 사람인지 맞추어보고 뭔가 결정적인 결함이 있으면 나의 연인으로 부적격하다는 것을 고려하지 못합니다. 나의 외로운 인생에 같이 있어주면 일단 오케이입니다. 그래서 그런지 연인들이 단계적으로 겪는 손 잡기, 키스하기 등의 단계를 건너뛰고 성관계를 시작하는 시간도 상대적으로 상당히 빠릅니다. 그러나 허니문 단계를 지나면 관계의 삐걱거림도 금세 눈에 보입니다. 서로 잘 안 맞고 안 어울린다는 생각이 그제야 드는 거죠.

두 번째로, 사귀는 사람이 있어도 다른 이성이 눈에 들어왔을 때 이른바 '갈아타기'를 준비하는 유형이 있습니다. 잘 만나던 사람에게 이별사유로 갑자기 명확하지 않은 애매한 이유를 들이댑니다. 너와 나는 성격이 안 맞는다든가 내 마음이 예전 같지 않으니 그만하자는 이유입니다. 상대에게도 그렇고 스스로에게도 끊임없이 명분을 주입시키며 환승이별과 새로운 만남에서의 죄책감을 없애기 위해 노력하는 거지요.

이 유형은 현재 사귀고 있는 사람에게 불만이 있지만 당장 관계를 청산하지 않고 유지하고 있는 관계에서 많이 일어납니다. 지금 상대가 나의 이상형이 아닌 건 맞는데 헤어진다고 다른 맘에 차는 사람을 만난다는 보장도 없으니 그냥 사귀고 있는 경우입니다.

물론 처음부터 이런 뜨뜻미지근한 관계는 아니었을 겁니다. 처음에는 열정적인 사랑을 했고 자정이 넘어가도록 스마트폰을 붙잡고 일거수일투족 상대방의 하루 일과를 궁금해했겠지요. 그런데 어느 시점이 지나 그저 의무감이 커진 관계에서 뉴페이스가 나타나 환승

이별을 준비하게 됐을 겁니다. 물론 어느 광고문구처럼 사랑은 움직이는 것이며 새로 나타난 사람이 나의 진정한 인연일 수도 있습니다. 그러나 결혼이라는 법적인 구속이 없다고 할지라도 이런 환승이별을 통한 새로운 만남은 진정한 사랑의 기반이 되는 '신뢰'가 빠진 관계라는 것을 한 번은 생각하셔야 합니다.

오래된 연인에게 말도 안 되는 이유를 둘러대고 이별을 고하고 온 사람이라면, 나에 대한 열정이 식은 후에 내게도 그런 방식의 이별을 고할 수 있는 사람이니까요. 지금은 나의 연인이 됐지만 그 사람은 나보다 매력이 있는 사람이 있으면 또 그렇게 떠나갈 수 있는 사람이니까요. '신뢰'와 '솔직함'은 사랑의 대상에 따라 달라지는 것이 아니고 그 사람의 성격 특성 같은 것입니다. 이런 환승 감정이 나에게 일어나 내가 더 이상 연인에게 설렘이 없고 사랑이 식어 새로운 사랑을 찾아가는 거라면, 사귀던 연인에게 적어도 인간적인 '솔직함'으로 대하면 좋겠습니다.

어쩌면 사랑에서도 인간은 파랑새를 찾아 떠나는 틸틸과 미틸입니다. 내 일상에 있었던 파랑새를 귀히 생각지 못하고 환상 속 파랑새를 찾아 헤매고 다니니까요. 상대가 나의 외로움과 공허감을 달래주는 파랑새가 아니고, 새로 나타난 매력적인 상대방 또한 진정한 파랑새가 아님을 알지 못하니까요.

수치심을
나누는 것도
사랑의 일부다

그리스에서 태양의 신인 아폴론과 들판의 신인 판의 연주 대결이 벌어졌습니다. 요정들은 모두 아폴론의 승리를 말했으나 미다스 왕은 판의 연주가 더 훌륭하다고 우겼습니다. 크게 화가 난 아폴론은 그것도 귀라고 달고 다니냐며 미다스 왕의 귀를 당겼고, 그 바람에 왕의 귀는 당나귀처럼 늘어지게 되었습니다. 왕은 머리를 자르러 온 이발사에게 엄포를 놓습니다. "네가 본 것을 소문내면 너를 가만두지 않겠다"라고요. 하지만 결국 비밀이 새나갔고 왕은 이발사를 죽이고 맙니다. 신 앞에 거칠 것 없던 미다스 왕도 자신이 감추고 싶은 부분을 들킬까 봐 두려움에 떨었던 겁니다.

누구나 스스로에 대해 가지고 있는 '자아 이상^{ego ideal}'이 있습니다. 이는 내가 똑똑하고 능력이 있으며 마음이 따뜻하고 현명하다는 등의 기대감을 말합니다. 이것이 충족 안 될 때 스스로를 비난하게 되는 것이 수치심입니다. 특히 타인에게서 비난받거나 조롱과 무시를 받을 때 수치심의 감정은 바깥으로 드러나며 나를 고통스럽게 합니다.

이 수치심은 인간이 기본적으로 가진 가장 고통스러운 감정 중의 하나입니다. 왜냐하면 자존감에 치명적인 상처를 내기 때문입니다. 수치심을 느끼는 순간 '나는 못났다, 나는 바보 같다, 나는 사랑받을 수 없다'와 같은 부정적 자기 개념이 내면 깊은 곳에서 튀어나옵니다.

내가 가장 사랑하는 나의 연인에게는 항상 최고의 모습만 보이고 싶습니다. 주말 데이트 전에는 꾸미고 차려입느라 두 시간을 씁니다. 화가 날 때도 평소 엄마에게 부리던 성질머리는 감추고 꾹 참으며 나의 마음을 전합니다. 뭐, 여기까지는 그래도 괜찮습니다. 할 만합니다. 그러나 나만 알고 있는 내면의 깊숙한 수치심은 드러내기 어렵습니다. 특히 가족사에 대한 부분이 그렇습니다. 아버지가 실직한 상태로 술만 마시는 알코올 중독자여서 어머니가 어렵게 파출부로 생활을 꾸려온 사실은 나의 콤플렉스입니다. 내가 집안의 가장이라서 내 월급이 가족의 생활비로 쓰여야 한다는 사실은 나를 연인 앞에서 한없이 작아지게 만듭니다.

우리는 수치심을 느끼게 되면 어딘가로 숨고 싶습니다. '몸 둘 바를 모르겠다', '쥐구멍에 숨고 싶다'는 말은 나의 초라한 모습을 타인의 시선으로부터 감추기 위한 노력을 말합니다. 이 감정을 느끼지 않기 위해 나를 드러내지 않게 됩니다. 또는 상황을 회피하게 됩니다. 연인에게 자꾸 거짓말을 하게 됩니다.

아버지는 뭐 하시는 분이냐는 질문에 두리뭉실하게 대답합니다. 막노동하는 아버지의 직업을 드러내기 어려워 건설업에 종사하신다고 대답했다던 어느 아나운서처럼 말입니다. 결혼을 생각하던 연인이 조심스레 저축액을 물어보는 말에 엄마가 관리하면서 통장을 나누어놓아서 잘 모르겠네 하는 식으로 대답을 회피합니다.

이처럼 내가 나를 숨기고 회피하면 연인과의 관계는 앞으로 나아가지 못합니다. 더 깊은 사이가 되고 친밀한 사이가 되기 위해서 특히나 연인 사이의 자기 공개는 필수입니다. 부모나 형제도 모르는 나의 내밀한 모습까지도 알고 있는 사이가 연인 관계니까요. 부모님은 내가 회사에서 그럭저럭 일을 잘하고 있다고 생각하지만 나의 연인은 내가 적성에 안 맞는 일을 힘겹게 헤쳐나가고 있는 것을 압니다.

수치심이라는 감정은 타인의 시각으로 나를 봤을 때 드는 당황스럽고 모욕적인 느낌을 말합니다. 즉 연인을 타인이라 생각하게 될 경우 느끼는 거지요. 그러나 우리가 연인이 된다는 것은 나의 또 다른 자아 확장입니다. 그와 내가 많은 부분을 공유하면서 그의 장점과 단점까지도 나의 것이 됩니다. 우리는 내 연인의 단점에 대해 수용할 마음자세가 되어 있습니다. 남들 눈에 크게 보이는 단점도 콩깍지 씐 내 눈에는 크게 안 보입니다. 그런데 왜 나는 나의 단점을 연인에게 드러내는 것을 힘들어해야 할까요? 만일 나의 집이 가난해서, 나의 외모가 마음에 안 들어서 등으로 나를 탐탁지 않아 하는 연인이라면 나의 인연은 아닌 겁니다.

먼저 나 스스로 나의 부족한 면을 받아들이고 인정합시다. 이 또한 나의 모습이라는 것을. 그리고 나의 본래 모습으로 연인을 대해 봅시다. 그가 내 인연이 맞다면 원래의 모습을 기꺼이 받아들여줄 겁니다. 왜냐하면 인간은 너나 할 것 없이 불완전한 존재이기 때문입니다. 나의 단점과 부족한 면까지도 감싸 안으며 가겠다는 마음가짐을 내 연인은 보여줄 겁니다. 그동안 집안까지 감당하느라 애썼다며 이제 그 짐을 나누자고 할 겁니다. 모아놓은 돈이 없는 이유가 도박이나 사치가 아닌 상황이라는 것에 안심할 겁니다. 물론 한숨을 푹 쉬면서 지금부터라도 월급의 반 이상은 무조건 적금을 들라며 예쁜 잔소리를 할 겁니다. 그가 자신의 세계 안에 당신을 들여놓았기 때문입니다. 나의 연인은 장점과 단점을 모두 가지고 있는 또 다른 확장된 나이기 때문입니다.

기적이란

부족한 나와 네가 만나

완벽한 사랑을 하는 것이다.

A miracle happens when you and I love perfectly.

사랑하는데
왜 이토록
불안한가요?

우리는 사랑을 하면 하나로 합쳐지고 싶은 강렬한 욕구가 있습니다. 마치 잃어버린 내 반쪽을 찾은 듯하고, 사랑을 하기 전에 불완전한 존재였던 내가 지금은 완전한 존재로 다시 태어난 듯한 느낌도 듭니다. 이처럼 사랑엔 설명하기 어려운 신비로운 요소가 있는 게 사실입니다. 철학자 플라톤Platon은 《향연》에서 사랑에 대한 낭만적인 신화를 소개하고 있습니다.

인간은 원래 남녀가 합쳐진 양성체였습니다. 머리 하나에 얼굴이 두 개, 손발이 각각 네 개였으며 남녀의 생식기가 합쳐져 있었습니다. 이들은 능력이 뛰어났고 교만해서 신에게 대항할 정도였습니다. 불쾌함을 느낀 신들은 이들을 없애고 싶었으나 그리하면 신에게 제물을 바치고 경배할 수 있는 존재가 사라지기 때문에 고민에 빠졌습니다. 제우스는 마침내 해결책을 발견했습니다. 이들을 계속 살리되 반쪽으로 갈라놓는 것이었습니다. 그래서 그들의 힘은 약해졌으며 더 이상 신에게 위협이 될 수 없었습니다. 아폴론의 도움으로 갈라진 상처는 사라지고 온전한 남성과 여성으로 살게 되었으나 제우스는 얄궂게도 두 쪽을 반대방향으로 가게 하여 평생 다른 반쪽을 찾아 헤매게 했습니다.

플라톤은 인간은 이렇듯 다른 반쪽을 찾아 합쳐져야만 보다 완전한 존재라고 얘기합니다. 평생 우리가 사랑을 갈구하는 이유를 신화적인 요소가 섞인 신비로운 미지의 영역으로 놔두면서 말입니다.

그러나 참 이상합니다. 사랑을 시작했는데 왜 나는 완전한 일체감과 안정감을 느끼지 못할까요? 물론 느껴본 적은 있습니다. 데이트를 하면서 마주 본 그의 눈동자에 나의 모습이 오롯이 담겨 있을 때입니다. 날이 쌀쌀해지면 길을 걷다가 내 한쪽 손을 본인의 외투 주머니에 넣으며 꼭 잡아줄 때입니다. 그런데 그와 같이 있지 않을 때, 때로는 그와 같이 있더라도 왠지 그가 나를 온전히 그의 눈 속에, 품 안에, 넓게는 그의 영역 안에 들여놓지 않는다는 느낌이 들면 불안이 찾아옵니다. 원래 나는 혼자서도 잘 지내는 사람이었는데 사랑을 하면서 고독을 알아버렸습니다. 그와 함께하지 못할 때 느끼는 외로움도 알아버렸습니다. 그와 떨어져 있을 때 무언가 내가 부족한 사람이고 완전하지 못하다는 기분도 듭니다.

사람은 가진 것이 많으면 많을수록 잃을까 두려워합니다. 내가 사랑을 한번 가져봤기에 그것을 잃을까 봐 촉각을 곤두세우게 된 것입니다. 상대방의 언짢은 눈빛이 파스타가 늦게 나와 레스토랑에 내는 짜증인지 혹은 나에게 뭔가 불만이 있기 때문인지 눈치를 보게 됩니다. 상대방이 나에게 사랑을 표현하면 날아갈 듯한 행복을 느끼다가 상대방이 나에게 거리를 두는 느낌을 받으면 절망에 휩싸이기도 합니다. 누군가 나의 사랑을 훔쳐가지 않을까 경계를 하면서 그에게 사소한 호의를 베푸는 이성을 세모꼴의 눈을 뜨고 바라보게도 됩니다. 평소에 쿨하던 나의 모습은 어디로 갔나 모르겠습니다.

　이처럼 사랑을 하게 되면 우리는 너 나 할 것 없이 '잃어버린 반쪽'의 저주에 걸리게 됩니다. 다행히 이건 공평합니다. 재벌2세도 세상을 호령하는 영웅호걸도 절세의 미남미녀도 예외 없이 걸리니까요. 우리는 사랑에 관해서는 겁쟁이가 됩니다. 실은 이런 불안감은 사랑이 깊어지는 단계를 지나 마지막 완성되는 단계에 이르러서야 사라지게 됩니다. 너와 내가 서로에게 종속된다는, 결혼을 약속하는 그런 단계 말입니다. 내가 나의 장단점을 마음껏 내보이며 그의 잘난 점과 부족한 면을 모두 본 후라도 서로를 포용하고 먼 미래까지 함께하겠다는 마음속 언약이 이루어진 바로 그 타이밍 말입니다.

　사랑을 하지 않으면 불안을 느낄 일도 없습니다. 누군가에게 내쳐진다, 혹은 버림받는다는 감정은 누군가에게 일단 속해본 후에 느끼는 감정입니다. 너무나 소중하고 행복하고 귀한 것을 알아버렸기에 그것을 알아버린 나는 관계가 깨어지면 과거의 나로 돌아갈 수 없음을 알기에 불안합니다. **그러나 그런 불안을 느끼면서도 사랑을 선택하는 건 서로가 서로에게 속해 있다는 감정이 그 무엇과도 바꿀 수 없는 소중한 감정이기 때문입니다.** 그 감정은 누군가에게는 천상에 있는 듯한 황홀감을, 누군가에게는 내가 다시 없을 소중한 사람이라는 따사로움을, 누군가에는 세상에 유일한 내 편이 생긴 듬직함, 누군가에게는 그와 나는 원래 한몸이었다가 신의 농간으로 서로 다른 둘이 되지 않았을까 싶은 일체감을 주기도 합니다. 누군가에게는 예술적인 영감을 불어 넣어주기도 하고 포근한 엄마나 듬직한 아빠가 되어주기도 하며 백아절현伯牙絶絃의 고사에 나오는 진정한 벗이 되어주기도 합니다. 이처럼 사랑의 힘은 위대합니다. 그러기에 우리는 기꺼이 사랑을 하며 그 사랑을 지키고 완성하려고 노력합니다.

물론 모든 사랑이 완성되는 건 아니며 내 마음속 불안이 현실이 되어 연인과의 사랑이 끝을 맺을 수도 있습니다. 그러나 우리는 사랑하는 동안 그와의 일체감을 느끼며 세계가 '나'에서 '나와 너'로 확장됩니다. 이것 자체가 경이로운 경험이기에 기꺼이 사랑의 겁쟁이가 되는 길을 택합니다. 때로는 그 길이 끊어지기도 하고, 거기서 일방적으로 내처지기도 할 겁니다. 이 사람은 아니다 싶어 스스로 그 길에서 내려오기도 할 겁니다. 그러한 아픔을 무릅쓰고 혼자 걷던 길에 누군가를 들이는 용기를 내다 보면 나는 더 이상 겁쟁이가 아닌 나의 반쪽과 함께 당당한 존재가 되어 있을 겁니다.

불안과 외로움, 미칠듯한 감정.

그럼에도 사랑을 선택하는 건

상대방에게 속해 있다는 느낌이

무엇과도 바꿀 수 없는

소중한 감정이기 때문이다.

Despite our anxiety, loneliness, and crazy feelings,
the reason we choose love is because of the feeling of belonging.

나를 좋아한다고 하면
사랑에
빠져버리는 나

금세 사랑에 빠지는 이들, '금사빠'가 하는 사랑을 가만히 들여다보면 '결핍'을 채우려는 욕구가 큽니다. 내가 부족함을 느끼는 어떤 부분을 채워줄 이면 달리 재지 않고 사랑을 느낍니다. 만약 내가 외모 콤플렉스도 있고 직업적 능력도 시원찮고 성격도 소심하고 흙수저 출신이고 하는 결핍된 부분이 크면 클수록 금사빠로서의 영역도 확장되지요. A와는 못생기지 않았으니 사랑에 빠지고, B와는 만인이 공인하는 철밥통 공무원이니 사랑에 빠지고 C와는 성격이 남자답고 시원시원하니 사랑에 빠지고 D와는 24평짜리 아파트가 보장되는 여유가 좋아 사랑에 빠지는 식입니다.

가장 쉽게 관찰되는 금사빠는 혼자 있는 외로움을 못 견디는 감정적 결핍의 유형입니다. 얼핏 보면 이들은 상대방의 외적인 조건을 보지 않는, 때 묻지 않은 순수한 사람처럼 비치기도 합니다. 사실 이들의 심리는 어린아이가 일거수일투족 엄마를 찾는 것과 비슷합니다. 여섯 살 꼬맹이들은 낮잠을 자고 일어나면 바로 엄마가 어디 있나 두리번거립니다. 혼자 찰흙을 조물조물 만지고 놀다가도 엄마가 자기 눈을 벗어나 오랜만에 베란다 정리라도 하고 있으면 "엄마 어디 있어?"라고 물으며 엄마의 존재를 찾아 헤맵니다. 시시때때로 엄마가 나의 영역 안에 들어와 있음을 확인하면서 안심하고 노는 겁니다. 금사빠도 마찬가지입니다. 주로 이들이 원하는 것은 '심리적 엄마'를 찾는 겁니다. 아직 나의 자아가 혼자 있지 못하는 '심리적 어린아이'이기 때문입니다.

여러분 중에는 소개팅으로 만난 사람이 초장부터 과하게 들이대는 경우를 경험해보신 분이 있을 겁니다. 만난 지 얼마 안 되었는데 첫눈인지 한눈인지에 반했다며 나의 속도는 아랑곳하지 않고 준 스토커 수준으로 밀어붙인다든가 혹은 내가 아직 마음의 준비가 안 되었는데 과하게 스킨십을 하려고 덤비는 경우는 주의를 요합니다. 상대방을 잘 알지 못한 상태에서 사랑에 빠졌다는 건 상대방과 사랑에 빠진 것이 아니고 내가 딱 정해둔 '상대방이 이런 사람일 것이다'라는 나만의 환상과 사랑에 빠진 겁니다. 실은 많은 금사빠들이 결핍의 욕구와 함께 상대방에 대한 환상이 겹치며 금사빠의 길을 걷게 됩니다.

그래서 금방 사랑에 빠지기도 하고 그 사랑이 끝나면 또 다른 대상을 찾아가기도 합니다. '심리적 어린아이'이기에 끊임없이 엄마를 찾아 헤매는 것입니다. 엄마가 없으면 내가 혼자 설 수 없는 뭔가 불안전한 존재이기 때문입니다. 본인의 결핍을 상대방에게서 찾아 메꾸려는 것이지요.

저는 사랑에 있어서 '결핍'의 동기로 누군가를 만나기보다는 '성장'의 동기로 사랑을 하라고 권합니다. 이는 사랑을 함으로써 나의 삶이 확장되고 풍요로워지는 것을 말합니다. 나의 기존 세계에 또 다른 세계가 갖다 붙여지고 연결되고 확장되면서 너와 내가 같이 성장하는 그런 관계를 말합니다. 이런 관계는 꼭 연인 사이에만 국한되지는 않습니다. 예를 들어 친구 관계를 보면 만날 때마다 누군가의 뒷담화를 하면서 소모적인 잡담만 하는 친구도 있습니다. 자주 만나지는 못해도 질 높은 대화를 하면서 내가 이해받는다는 느낌이 드는 친구도 있습니다. 게다가 항상 무언가를 배우고 노력하며 자기 발전을 하는 친구이기에 만나면 나도 그의 긍정적 에너지를 나누어 받게 됩니다.

연인과의 관계도 마찬가지입니다. 나의 세계가 확장되며 업그레이드될 수 있는 성장의 동기로 연인과 사랑을 나누면 얼마나 행복할까요? 어찌 해야 그리 될 수 있는지 궁금하실 겁니다. 간단합니다. 바로 내가 나 자신을 봤을 때 '심리적 어린아이'에서 '심리적 어른'으로 우뚝 서야 합니다. 혼자서 잘 살 수 있는 사람이 다른 사람의 삶도 확장시키고 성장시킬 수 있는 사람이기 때문입니다.

나에게만
따뜻하면
좋겠어

드디어 나에게도 사랑이 찾아왔습니다. 그를 생각하면 늘 함께 있고 싶습니다. 그 사람의 일거수일투족이 궁금합니다. 내가 할 수 있는 모든 것을 다 해주고 싶습니다. 그윽한 눈을 바라보면 마냥 행복한 기분이 듭니다. 키스를 하고 애무를 하면서 그와 더 깊은 관계를 꿈꾸게 됩니다. 예전에는 무심코 지나갔던 사랑에 빠진다는 표현의 의미를 절절히 느끼고 있습니다.

그런데 어느 날부터 이 감정이 마냥 좋지만은 않습니다. 그 사람의 관심이 다른 사람에게 쏠리면 마음속에서 질투가 솟아납니다. 그 사람이 나만 바라보고 나에게만 관심과 사랑을 주었으면 좋겠습니다. 나도 이런 질투를 느낄 수 있는 사람이었는지 예전에 잘 몰랐습니다. 그와 나의 관계의 굴곡에 따라 내 감정은 하늘과 땅을 오르내립니다. 마치 롤러코스터를 타듯이 말입니다.

연인과의 관계는 우리가 경험할 수 있는 매우 독특한 인간관계입니다. 나와 그 사이의 독점적인 관계이자 다른 사람이 끼어들지 못하는 배타적인 관계, 그리고 다른 이로 대체될 수 없는 유일무이한 관계입니다. 이 때문에 다른 관계에서는 경험할 수 없는 강한 애착 attachment과 동시에 강렬한 집착을 연인을 향해 느끼게 됩니다.

그래서 사랑은 행복한 황홀감을 느끼게 해주지만 지독한 고통을 맛보게도 합니다. 누군가는 사랑에 대해 '죽음보다도 고통스럽고 독약보다도 쓴 것'이라고 묘사했습니다. 특히 독점욕이라는 함정에 깊이 빠진 사랑일 때 더 그렇습니다. 연인이 잠시라도 연락이 안 되거나 다른 이성과 말이라도 나누면 꼬투리를 잡으며 과하게 화를 내기도 합니다. 그가 나에게 전부이듯이 그에게도 내가 전부였으면 합니다. 만일 그가 잠시라도 멀어진 것 같으면 심하게 불안해하고 우울해합니다. 그가 나의 이런 행동에 지쳐 떠나려는 준비를 하는 것이 내 레이더에 포착됩니다. 그러면 나는 내가 그를 얼마나 사랑하는지 보여주기 위한 몸부림을 칩니다. 잠이 안 와 병원에서 처방받은 수면제 2주치를 한꺼번에 털어넣으며 그에게 전화를 합니다. 네가 없는 삶은 나에게 죽음이라는 메시지를 전하면서 말입니다. 이를 심리학자 테노프Dorothy Tennov는 '강박적 사랑 obsessional love'이라고 표현하기도 했습니다.

우리는 사랑에 빠지게 되면 정도의 차이는 있지만 이런 강박적 사랑을 어느 정도 경험합니다. 어디까지가 정상적인 사랑의 열정이고 어디까지가 문제되는 강박적 사랑일지 나누는 것도 애매합니다. 누군가는 사랑을 할 때마다 이런 강렬한 사랑의 모습을 띠고, 누군가는 도대체 저런 열정적인 사랑이 뭔지 평생 모르고 살아가기도 합니다. 또 내가 어떤 사람에게는 뜨뜻미지근한 사랑을 하기도 하고 어떤 사람에게는 불꽃 같은 열정을 불태우기도 합니다. 또 나를 가만히 보면 20대에는 열정적인 사랑을 했다가 30대가 되면서는 좀 더 현실적인 안정적인 사랑을 찾기도 합니다.

이렇듯 우리 인간은 다양하며 각자 삶의 모습도 다양합니다. 그래서 너와 내가 만나서 하는 사랑의 모습도 다양할 수밖에 없습니다. 과도한 집착은 이 같은 사랑의 다양성에 대해 이해하지 못할 때 생깁니다. 사랑은 서로에게 종속되는 절대적인 것이라 생각하기에 거기에 나와 나의 연인을 끼워 맞추는 거지요.

그래서 당신의 소유욕은 어쩌면 당연하고 사랑에 있어 필수불가결한 요소입니다. 그 소유욕이 서로의 존재를 더 깊이 받아들이고 사랑을 깊게 하는 요소가 될 수 있습니다. 연인의 과하지 않은 귀여운 질투는 서로의 관계를 확인받고 싶은 동시에 '나는 이런 투정을 너에게 당연히 부릴 수 있는 존재'라는 확신이 들 때 하는 행위니까요.

그러나 명심하십시오. 도를 넘는 의심과 집착, 사소한 일을 지나치게 해석하면서 상대를 힘들게 하는 소유욕은 나의 연인을 나에게서 달아나게 합니다. 사랑의 양면성과 마찬가지로 소유욕 또한 동전의 앞뒷면이 있습니다. 소유욕의 밝고 긍정적인 앞면과 음침하고 부정적인 뒷면에서 어떤 면을 선택할지는 나에게 달려 있습니다

과한 질투와 소유욕의 또 다른 이름은 '열등감'이기도 합니다. 혹여 나의 연인이 다른 사람에게 눈 돌릴까 두려워하는 마음을 가만히 들여다보면, 깊은 기저에는 내가 상대에게 충분치 않다, 부족하다 라는 마음이 있는 경우가 많습니다. 셰익스피어의 작품《오셀로》에서는 간교한 이아고가 오셀로 장군에게 아내 데스데모나와 부관 카시오의 외도를 암시하고 속삭거리며 질투를 자극합니다. 가정이기는 하지만 오셀로가 아프리카 출신의 소수민족 무어인이 아니었다면, 데스데모나가 모든 면에서 완벽한 여자가 아니었다면, 카시오가 능력 출중한 젊은이가 아니었다면 오셀로가 무고한 아내를 의심해 벌이는 모든 비극은 일어나지 않을 수도 있지 않았을까 하는 생각을 해봅니다. 이아고는 주변 인물로 등장하지만 어쩌면 오셀로 내면에 깊숙이 자리한 열등감이라는 내면의 자아가 인물로 형상화된 것이라고 저는 생각합니다.

혹 내가 소유욕이 과한 사람이라면 나의 열등감을 한번 들여다보면 어떨지요? '내가 나의 이런 점들 때문에 연인의 사랑을 빼앗길까 두려워 힘들어하는구나'를 아는 것만으로 마음이 조금 편해질 수 있습니다. 그런 후에는 당신의 연인을 믿어보시기 바랍니다. 연인과 떨어져 있는 시간에도 나만의 시간을 갖고 편안히 연인을 기다려줍시다. 나는 연인에게 사랑받기에 충분한 사람이기 때문입니다.

"널 생각해서"
라는 가면에
속지 않는 법

여기저기서 '가스라이팅 gaslighting'이라는 단어가 난리입니다. 연애 유튜버들은 통과의례처럼 이 주제를 다루고 정신과 의사나 심리학자도 여기에 질세라 전문적인 의견을 보탭니다. 연애 상담을 하는 인터넷 사이트에선 네가 당한 것이 가스라이팅이다, 아니다 갑론을박합니다.

그래서 가스라이팅이라는 현상이 마치 최신의 발견처럼 들리지만 그 내용이 정신의학이나 심리학에서 새로운 것은 아닙니다. '세뇌 brain washing'나 '암시 suggestion', 그리고 '투사 projection'라는 전문 용어들이 있고 이 세 가지가 섞여 작용하면 상대의 심리를 조종해 지배력을 행사하는 가스라이팅이 되는 것이지요.

세뇌란 누군가의 사상이나 가치관을 바꾸는 것을 말합니다. 우리는 조직, 사회, 국가, 종교 등에서 늘 이 세뇌를 당하고 삽니다. 때로는 은밀하게, 때로는 대놓고요. 그래서 자연스럽습니다. 우리가 짐승이 아닌 인간으로 산다는 것은 교육이라는 이름으로 행해지는 세상의 세뇌에 의해서입니다. 옳고 그름, 아름다움과 추함의 가치도 그렇게 배우게 되지요.

암시란 다른 사람에게 전해진 사상, 관념, 의도, 행위 등이 무의식적으로 또는 의식적으로 전달되어 마치 내 것처럼 여겨지는 것을 말합니다. 세뇌가 전반적·문화적 용어라면 암시는 인간관계에 주목한 심리학적 용어라는 차이랄까요?

마지막으로 투사는 쉽게 설명해서 방귀 뀐 놈이 성내는 것을 말합니다. 본인이 가지고 있는 불편한 열등감, 죄의식, 공격성 등을 상대방 탓으로 돌리는 거지요.

의외로 우리는 이렇게 상대를 자기 영향력 아래 두고자 물고 물어뜯기는 관계를 '꾸준히' 맺고 있습니다. 일상적이고, 때로는 필수적이기도 합니다. 그리고 꼭 그리 부정적이지만도 않습니다. 부모는 자식에게 객관적 사실과 관계없이 너의 존재 자체가 기쁨이고 보물이라는 긍정적 암시를 끊임없이 해줍니다. 연인들 역시 세상에 단 하나밖에 없는 귀한 사람이라는 적당한 환상을 서로에게 덧씌웁니다.

그렇다면 우리가 반드시 피해야 할 가스라이팅은 어떻게 구분할 수 있을까요? 친밀한 사이에서 한쪽이 일방적으로 영향력을 행사하는 데 더해, 가해자와 피해자의 특성이 다음과 같이 꼭 맞물린다는 점을 아셨으면 합니다.

먼저 가스라이팅 가해자를 보면 대부분 '나르시시스트^{narcissist}(자기 도취에 빠진 이)'입니다. 타인에 대한 공감이 없고 죄책감이 없습니다. 사람을 수단으로 보는 이기적인 면이 보입니다. 그러나 이상하게도 내가 끌리는 매력과 향기를 가지고 있습니다. 그래서 그들의 본모습을 보기 어렵습니다.

한마디로 '겉으로 멀쩡해 보이는 예쁘고 매력 있는 나쁜 놈'이 그들의 실체입니다. 타인을 깎아내려 자신의 존재를 증명받으려는 것이 그들의 삶입니다. 만만한 먹잇감을 발견하고 거미줄에 꽁꽁 붙들어 상대의 정서를 학대하고 야금야금 갉아먹습니다. 이런 나르시시스트들은 연인과의 관계만이 아니고 그 어떤 관계로도 가까이 있는 주변인들이 불행합니다. 부모로도 친구로도 직장 상사나 동료로도 말입니다.

두 번째로 피해자인 나를 살펴봅시다. 나의 경우는 두 가지로 구별됩니다. 첫째, '겉으로 멀쩡해 보이는 예쁘고 매력 있는 나쁜 놈'을 구별할 능력이 부족한 경우입니다. 나이가 아직 어리거나 사람을 만나본 경험이 부족하면 그럴 수 있습니다. 아니면 겉으로 보이는 예쁨이 커서 내 눈을 가릴 수도 있습니다. 뭐가 되었든 이 경우는 괜찮습니다. 어느 순간에 '어라, 이게 아닌데?'라는 생각이 들면 콩깍지가 벗겨지면서 그의 손아귀를 탈출할 기회도 만날 수 있으니까요.

둘째, 나의 자존감이 낮은 경우입니다. 자존감이 낮아 나의 생각이나 선택은 물론 내 존재에 대한 확신도 없습니다. 끊임없이 가스라이팅을 당하며 '나는 못났어'라는 자기 비난과 자기 혐오의 늪을 파고듭니다. 동시에, 그래도 이리 못난 나를 사랑해주는 가해자에 대한 잘못된 경외를 가지게 됩니다.

자, 여기서 가스라이팅을 피하려면 어떻게 해야 할까요? 실은 우리가 타인을 어떻게 할 수 있는 방법은 없습니다. 내가 다룰 수 있는 건 나 자신뿐이지요.

먼저 나르시시스트인 못된 타인을 분별하는 눈을 길러야 합니다. 이건 그리 어렵지 않습니다. 그래도 자존감이 어느 정도 있는 사람들은 반드시 알게 됩니다. 내 연인이 좋은 사람이 아니고 내 삶에 해악을 끼치는 존재라는 것을요.

문제는 자존감이 낮아 이런 생각조차 할 수 없는 사람들입니다. 나의 연애가 어딘지 행복하지 않은데 도대체 뭐가 문제인지 모르는 상황이요. 연애를 하면서 세상에 다시 없는 귀하고 소중한 사람이라는 느낌을 받고 거기에 합당한 대접을 받아야 하는데, 나는 오히려 못나고 형편없는 사람으로 느껴지는 분들이 계시면 나를 한번 잘 돌아보셔야 합니다. 그리고 나의 연인을 돌아보셔야 합니다. 괴로워도 그와 나의 실체를 마주하고 받아들이는 노력이 가스라이팅의 어둡고 험한 늪에 빠지지 않는 길입니다.

나르시시스트를 구별하는 여러 방법들이 책이나 유튜브에 제시

되어 있습니다. 뭔가 화려한 모습을 추구하고 외적인 면에 치중하며 잘난 척하고 타인에 대한 공감이 결여되어 있고 죄책감이 없고 등등을 보는 방법 말입니다. 이런 상대를 잘 파악하려면 여러 조언대로 눈을 부릅뜨고 있어야 할 것 같습니다. 일거수일투족을 평가하면서 '그는 나르시시스트인가, 아닌가?' OX 퀴즈를 맞추는 것처럼 말입니다. 이렇게 그를 열심히 관찰해서 나노단위로 쪼개서 분석하는 방법 말고, 아주 쉬운 방법을 하나 알려드리겠습니다. '그와 내가 연인이 되어서 행복할 줄 알았는데 시간이 흐를수록 이상하게도 나의 연애는 즐겁지가 않습니다.' 딱 이 한 가지를 아시면 됩니다.

왜냐하면 그는 내가 나 자신으로 오롯하게 존재하는 것을 용인하지 않기 때문입니다. 그가 바라는 모습이나 취향대로 살아야 하고 심지어 성격조차도 그는 자기가 원하는 조신하다거나 여성스러운 모습으로 있기를 바라면서 교묘히 나를 조정합니다. 나에게 선물을 해줄 때도 자기 취향의 장신구를 사주고, 내 긴 생머리는 절대 자르지 못하게 합니다. 내가 유튜브에서 봤던 재미있는 유머를 성대모사를 하며 보여주었더니 살짝 얼굴을 찡그리며 너의 그런 모습은 내가 바라는 모습이 아니라는 메시지를 간접적으로 보냅니다. 내가 애완견을 좋아해 나중에는 유기견 활동가로 살고 싶다는 희망에 대해 귀담아 듣지 않습니다. 그는 내가 나의 모습으로 사는 것이 아니고 그의 규격화된 이상화된 틀에 맞추어 내가 바뀌는 것을 원하기 때문입니다. 이럴 경우 나는 그와의 만남에 점점 자신감이 없어지고 눈치를 보게 되고 스스로를 계속 검열하게 됩니다. 직장이나 친구들에게선 나의 능력을 인정받고 성격도 좋다는 말을 듣는데 그와 있으면 내가 한없이 작아집니다.

나르시시스트들은 연인의 자기 개념을 부정적으로 바꾸어 놓고, 그렇기 때문에 내 말을 따라야 한다는 가스라이팅을 교묘히 합니다. 자기 개념이 '나는 못났다'라는 부정적인 생각으로 가득 차게 되면 인간은 행복하지 않습니다. 그래서 연인을 만나도 나의 본 모습을 감추고 연인이 원하는 모습으로 꾸미려고 애쓰는데도 뭔가 내가 한없이 작아지고 행복하지 않다면 나의 연인은 나르시시스트일 가능성이 높습니다.

그러나 그런 나르시시스트에게 누구나 가스라이팅을 당하면서 잘못된 연인 관계를 이어나가지는 않습니다. 나르시시스트와 낮은 자존감을 가진 사람이 짝이 되면서 이런 관계가 시작됩니다. 그래서 이런 가스라이팅을 당하는 데에는 나의 책임도 일정 부분 있음을 인정해야 합니다. 능동적인 나르시시트와 자존감이 낮은 수동적인 나, 통제하고자 하는 나르시시스트와 통제당하고 사는 데 익숙한 나, 이런 짝이 형성되어야지 가스라이팅이 가능하기 때문입니다. 나의 연인을 잘 살펴보는 것과 동시에 나의 모습도 잘 살펴보셔야 합니다. 그래야만 다음의 연애에서 반복되는 상황을 피할 수 있기 때문입니다.

관계의 온도

뜨거움보다 소중한 건
나다운 온도다

Love

between

Us

내 연애를
삼각형으로
그려보라

여러분은 혹시 향수에 관심이 있나요? 저는 향수를 좋아해서 주말이나 외출 때면 향수를 고르며 행복해하는데요. 향수의 설명을 잘 보면 탑, 미들, 베이스 노트라는 용어가 눈에 띕니다. 향수를 뿌린 직후에 나는 향이 탑 노트, 30분~1시간 지난 다음에 느껴지는 향이 미들 노트, 2~3시간 지난 후 마지막으로 느껴지는 잔향이 베이스 노트입니다. 향의 시간에 따른 변화를 분류한 거지요.

실은 연인과의 관계도 향기처럼 변해가는 관계이고 이를 잘 이해할 필요가 있습니다. 예일대학의 스턴버그 Robert Sternberg 박사는 '사랑의 삼각이론'을 통해 사랑을 '친밀감 intimacy', '열정 passion', '헌신

commitment'의 세 가지 요소의 변화로 설명했습니다.

친밀감은 사랑하는 관계에서 서로 가깝게 맺어져 있다고 느끼는 감정적 속성을 말합니다. 열정은 로맨틱한 감정을 일어나게 하고 신체적 매력을 느끼게 하는 욕망을 말합니다. 헌신은 누군가를 사랑하겠다는 약속이며 그 사랑을 책임지겠다는 인지적 속성을 말합니다.

친밀감은 처음에 두 사람 사이가 가까워지면 꾸준히 상승하다가 시간이 지나 어느 정도에 다다르면 상승폭이 줄어들게 됩니다. 초기에 친밀감이 오르는 것은 서로에 대해 잘 모르는 불확실성 때문입니다. 상대에 대한 호기심과 그를 알고자 하는 학습에 대한 열망으로 커지는 거지요. 열정은 친밀감과 달리 금방 뜨겁게 달아오르지만, 얼마 못 가 익숙해지고 습관화되면서 열기를 금방 잃게 됩니다. 헌신은 약속과 책임감을 말하는데 생기고 커지는 과정은 비교적 직선적이며, 친밀감이나 열정과 달리 단순합니다. 흔히 중매결혼을 한 경우에는 이 헌신이 먼저이고 친밀감과 열정이 뒤따르게 됩니다.

사랑은 이처럼 친밀감, 열정, 헌신으로 구성되고 누군가를 사랑하는 크기는 이 세 요소의 정도로 결정됩니다. 스턴버그는 사랑의 세 요소가 같은 크기일 때 완전하고 바람직한 사랑이라고 했습니다. 세 요소의 상대적인 크고 작음에 따라 완전한 사랑, 낭만적 사랑, 우애적 사랑, 공허한 사랑, 허구적 사랑 등으로 나뉘게 되고요.

우리가 연인과 사랑을 시작할 때는 열정과 친밀감이 주가 되는 낭만적 사랑에 가깝습니다. 그 사랑이 깊어지고 약혼이나 결혼과 같은 공식화를 거치면 낭만과 친밀감과 헌신이 골고루 균형 잡힌 완벽한 사랑을 하게 됩니다. 그러다가 열정이 속성상 시간이 지남에 따라 사그라들면 친밀감과 헌신이 주가 되는 우애적 사랑에 가까워집니다. 마치 향수의 탑 노트, 미들 노트, 베이스 노트처럼 말입니다.

향수를 고를 때 베이스 노트에 주의를 기울여 선택하는 것이 가장 바람직하다면 역시 사랑을 할 때도 저는 마찬가지인 것 같습니다. 친밀감과 헌신을 오랜 기간 이어갈 수 있는 상대가 안정적인 파트너가 될 수 있는 거지요. 헌신은 연애 초반부터 시간이 갈수록 증가하여 연애 후반에 중요한 역할을 담당하게 됩니다.

물론 이 흐름에 꼭 맞지 않는 사랑도 있습니다. 열정과 친밀감은 하나도 없이 헌신만으로 사는 공허한 사랑도 있습니다. 이런 공허한 사랑은 아무리 노력해도 친밀감과 열정이 살아나기는 어렵습니다. 또 보자마자 첫눈에 반해서 바로 결혼식을 올리는 열정과 헌신만으로 이루어진 허구적 사랑도 있습니다. 이 허구적 사랑은 콩깍지가 벗겨지면 급속히 식으며 서로에게 속아 잘못된 선택을 했다고 책임을 전가하기도 합니다.

지금 당신의 사랑의 삼각형은 어떤 모양으로 기울어진 모습인가요? 내 연애가 시간이 지나 권태기라고요? 열정의 요소가 사그라드는 건 어쩌면 당연한 겁니다. 혹 그런 상태를 권태기라고 이름 붙였나요? 친밀감과 헌신은 당신의 사랑 중에 존재하나요? 그게 존재하지 않으면 권태기가 아닌 우리의 사랑이 마침표에 다다른 것일 수 있습니다.

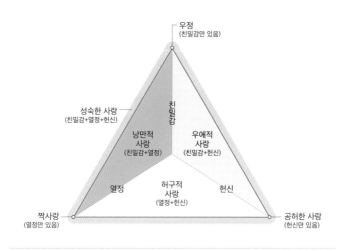

우정
(친밀감만 있음)

성숙한 사랑
(친밀감+열정+헌신)

친밀감

낭만적
사랑
(친밀감+열정)

우애적
사랑
(친밀감+헌신)

열정

허구적
사랑
(열정+헌신)

헌신

짝사랑
(열정만 있음)

공허한 사랑
(헌신만 있음)

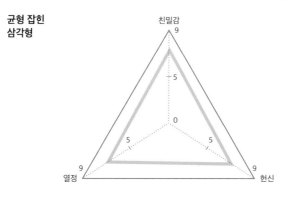

**균형 잡힌
삼각형**

친밀감
9

5

0

5   5

9   9
열정   헌신

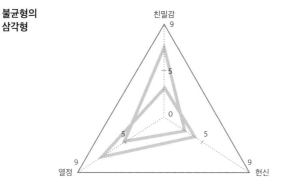

**불균형의
삼각형**

친밀감
9

5

0

5   5

9   9
열정   헌신

스턴버그의 사랑의 삼각형 척도

당신이 현재 사랑하고 있는 사람의 이름을 빈 곳 에 적으세요.
각각의 문항에 1~9점까지 가장 적당하다고 생각하는 점수를 매기세요.

1	2	3	4	5	6	7	8	9
전혀 아니다		아니다		보통이다		그렇다		매우 그렇다

1 나는 □의 행복을 적극적으로 지지한다.

2 나는 □와 따뜻한 관계이다.

3 나는 필요할 때 □을(를) 의지할 수 있다.

4 □는 필요할 때 나에게 의지할 수 있다.

5 나는 기꺼이 나의 모든 것을 □와 공유할 것이다.

6 나는 □로부터 충분한 정신적 지지를 받고 있다.

7 나는 □에게 충분한 정신적 지지를 주고 있다.

8 나는 □와 잘 소통하고 있다.

9 나는 내 인생에서 □을(를) 매우 소중하게 여긴다.

10 나는 □와 가깝다고 느낀다.

11 나는 □와 편안한 관계이다.

12 나는 정말 □을(를) 이해한다고 느낀다.

13 나는 □가 나를 정말 이해하고 있다고 느낀다.

14 나는 정말로 □를 믿을 수 있다고 느낀다.

15 나는 □와 나에 대한 많은 개인 정보를 공유한다.

16 □를 보는 것만으로도 나는 흥분된다.

17 나는 낮에 [____]을(를) 자주 생각하는 나 자신을 발견한다.

18 [____]와 나의 관계는 매우 낭만적이다.

19 나는 [____]가 매우 매력적이라고 생각한다.

20 나는 [____]을(를) 이상화한다.

21 나는 다른 사람이 나를 [____]처럼 행복하게 하는 것을 상상할 수 없다.

22 나는 다른 누구보다도 [____]와 함께 있고 싶다.

23 나에게는 [____]와의 관계보다 더 중요한 것은 없다.

24 나는 유난히 [____]와 신체적 접촉을 하는 것을 좋아한다.

25 나와 [____]와의 관계에는 거의 '마법' 같은 것이 있다.

26 나는 [____]을(를) 아주 좋아한다.

27 나는 [____]가 없는 삶은 상상할 수 없다.

28 [____]와 나의 관계는 열정적이다.

29 낭만적인 영화를 볼 때나 책을 읽을 때 나는 [____]을(를) 떠올린다.

30 나는 [____]에 대해서 공상에 잠긴다.

31 나는 내가 [____]에게 마음을 쓴다는 것을 안다.

32 나는 [____]와의 관계를 유지하기 위해 최선을 다하고 있다.

33 [____]에게 최선을 다하기 위해, 나는 다른 사람이 우리 사이에

    끼어들지 못하게 할 것이다.

34 나는 [____]와의 관계가 안정적이라고 확신한다.

35 어떤 것도 [____]에 대한 나의 헌신을 방해할 수 없다.

36 나는 [____]에 대한 나의 사랑이 평생 지속될 것이라 기대한다.

37 나는 항상 [____]에 대한 강한 책임감을 느낄 것이다.

38 [____]에 대한 나의 헌신은 굳건하다.

39 나는 [____]와의 관계가 끝나는 것을 상상할 수 없다.

<u>40</u> 나는 [   ]에 대한 나의 사랑을 확신한다.

<u>41</u> 나는 [   ]와의 관계를 영원할 것으로 본다.

<u>42</u> 나는 [   ]와의 관계를 좋은 결정이라고 생각한다.

<u>43</u> 나는 [   ]에 대해 책임감을 느낀다.

<u>44</u> 나는 [   ]와의 관계를 계속 이어나갈 계획이다.

<u>45</u> 비록 [   ]가 다루기 힘든 사람이라도, 나는 우리의 관계에 전념하고 있다.

. . . .

점수 측정

심리학자인 로버트 스턴버그는 사랑을 친밀감, 열정, 헌신으로 이루어졌다고 보았습니다. 처음의 15문항(1~15) 그룹은 '친밀감'을 반영합니다. 그다음 15문항(16~30) 그룹은 '열정'을 반영합니다. 마지막 15문항(31~45) 그룹은 '헌신'을 반영합니다.

그룹별 15개 항목의 점수를 합산합니다. 각 합계를 통해 당신이 세 가지 사랑의 구성요소를 경험하는 정도를 확인할 수 있습니다.

친밀감 (1~15)	열정 (16~30)	헌신 (31~45)	
93	73	85	평균보다 상당히 낮음
102	85	96	평균 이하
111	98	108	평균
120	110	120	평균 이상
129	123	131	평균보다 상당히 높음

스턴버그에 따르면 세 가지 구성 요소 모두에서 높은 점수는 완전한 사랑을 나타냅니다. 그러나, 고르지 않거나 낮은 점수가 반드시 관계가 강하지 않다는 것을 의미하지는 않습니다. 모든 관계에는 기복이 있습니다. 시간이 지남에 따라 관계의 성격이 바뀔 수 있습니다.

출처 : "The Triangular Love Scale" from The Triangle of Love: Intimacy, Passion, Commitment, by Robert Sternberg. Copyright © 1988 by Robert Sternberg. Reprinted by permission of the author.

우리는
연애일까,
사랑일까?

동성과 이성을 가리지 않고 많은 구애를 받는 나르키소스라는 아름다운 미소년이 있었습니다. 어떤 청년은 그에게 사랑을 거절당하자 그가 준 칼로 목숨을 끊었습니다. 숲의 님프는 그에게 고백하지 못한 아픔으로 여위어 가다가 형체가 사라지고 메아리만 남게 되었습니다.

이렇게 나르키소스에게 사랑을 거절당한 이들 가운데 하나가 그 역시 똑같은 사랑의 고통을 겪게 해달라고 빌자, 복수의 여신 네메시스가 부탁을 들어주었습니다. 사냥을 하던 중 물을 마시려던 나르키소스가 샘물에 비친 자신의 아름다운 모습을 사랑하게 된 것입니다. 그는 한 발짝도 떠나지 못하고 샘만 들여다보다가 마침내 탈진하여 죽게 됩니다. 그 자리에 피어난 한 송이 꽃을 나르키소스, 즉 수선화라 부르게 되었습니다. 그래서인가 수선화의 꽃말은 '자기 사랑'입니다.

제가 연인과의 사랑은 바로 나 자신과 사랑을 한 나르키소스의 모습이라고 말하면, 의문을 가지실 수도 있습니다. 연애는 상대방이 필요한 일이니까요. 겉으로 드러나는 단계만 보면 연애는 마치 두 사람이 공을 주고받는 핑퐁 게임과 같습니다. 먼저 A가 상대 주위에서 공을 튀기며 맴돌다가, B가 관심을 가지고 공놀이에 참여하면 본격적인 연애를 시작하게 됩니다. 공놀이가 재밌게 계속될 수도 있지만 누군가 흥미를 잃으면 다시 각자의 새로운 상대를 만나 또 다른 공놀이를 시작하게 됩니다.

이 과정에서 A와 B의 속내를 들여다봅시다. 먼저 A가 공을 튀기며 B에게 접근한 건 B를 위해서였을까요? 글쎄요, 그가 내 마음에 들어서였을 겁니다. 외모가 마음에 들어서, 성격이 다정해서, 혹은 외적인 스펙이 좋아서부터 외롭다는 내 결핍을 채우기 위해서까지 이유는 다양하죠. 삶이 무료해서 유희를 찾았을 수도, 나를 좋아해준다는 이유 하나로 그 사람에게 쉽게 호감을 느꼈을 수도, 혹은 내가 갖지 못한 어떤 부러운 모습 때문에 연애를 시작했을 수도 있습니다.

이렇듯 연애의 목적이나 상대에게 다가가는 계기는 상대방을 위해서가 아니라 나를 위해서입니다.

그래도 연애를 하는 동안 A와 B는 서로에게 몰입하게 되면서 상대방을 위해 때로는 나를 잊기도 합니다. 그러나 그것도 나를 위한 것일 뿐 상대를 위한 것은 아닙니다. 상대가 나를 더 좋아하게 하기 위해, 혹은 상대가 다른 사람에게 눈 돌리는 것을 막기 위해 우리는 상대방에게 무언가를 해주고 배려해주게 됩니다.

흔히 더 좋아하는 사람을 갑을관계의 '을'에 비유하며 이런 을이 상대를 더 위해주는 게 아니냐고 질문하지만 저는 '아니다'라고 답변하겠습니다. 연애를 유지하려고 더 많은 노력을 하는 을의 행위는 단지 연애를 위해서이지 상대방을 위해서는 아닙니다. 실제로 갑인 상대방을 위해서라면 나보다 더 좋은 조건의 사람에게 그를 보내주어야 하는 거지요. 마치 안데르센 동화의 인어공주가 왕자를 위해 자신은 물거품이 되기를 택하는 것처럼요.

또한 헤어짐의 과정에 서게 되면, 내가 나 자신과 맺고 있는 관계의 깊숙한 핵심 감정이 더 분명하게 드러납니다. 내 경제력에 열등감이 있던 사람은 '내가 돈이 없어서 저 사람이 나를 찼구나', 내 외모가 맘에 안 드는 사람은 '내가 키가 작고 못 생겨서 저 사람이 떠났구나', 나의 우유부단한 성격이 맘에 안 드는 사람은 '나의 남자답지 못한 면에 저 사람이 떠났구나' 하면서요. 연인과의 이별에서 우리는 연인에게 투사된 나의 깊숙한 콤플렉스를 곱씹고 곱씹으며 나의 어두운 면과 만나게 됩니다.

그래서 사랑은, 우리가 가지고 있는 '나 자신에 대한 욕구와 기대'를 연인에게 투사하는 일입니다. 실은 저는 연인끼리의 사랑은 사랑이라는 단어보다 연애라는 단어가 더 맞다고 생각합니다. 사랑이라는 단어에는 부모가 자식에게 보여주는 헌신이나 믿음 그리고 자식의 성장을 기대하며 대가를 바라지 않는 오롯하고 숭고한 마음이 있다는 생각이 들어서요.

물론 연인 사이라고 해서 이런 사랑이 없는 건 아닙니다. 제임스 카메론 감독의 영화 〈타이타닉〉의 마지막 장면을 기억하시나요? 로즈는 잭을 구하기 위해 구명보트에서 내려와 가라앉는 타이타닉호로 다시 뛰어듭니다. 잭 또한 생명줄인 나무판자를 로즈에게 양보하며 기꺼이 죽음을 맞게 됩니다. 잭으로 분한 레오나르도 디카프리오의 마지막 대사가 의미 깊습니다.

"제발 내 부탁을 들어줘. 넌 살아남겠다고 약속해. 절대 포기하지 않을 거라고. 무슨 일이 생겨도, 아무리 막막한 상황이 와도. 지금 약속하고, 절대 그 약속을 저버리면 안 돼."

저는 가장 좋은 건 연애에서 사랑으로 자연스럽게 넘어가는 것이라고 생각합니다. 처음에는 나의 욕구와 기대로 그에게 매력을 느껴 연인이 되었고 시간이 지나 나의 기대와 욕구가 충족이 안 될 상황이 오더라도 그 사람에 대한 마음이 변치 않고 스스로 기꺼이 연인에 대한 보살핌과 책임을 지게 되는 그런 관계 말입니다.

상대방의 삶에 나의 삶이 섞이며 때로는 손해를 보기도 하고 이득을 보기도 합니다. 그러나 사랑은 그런 손해와 이득이 계산되지 않습니다. 물론 이 사람 저 사람과 연애만을 하면서 나의 것을 하나도 손해 보지 않는 삶을 살 수도 있습니다. 그러나 내가 주는 사랑으로 인해 상대방이 기뻐하고 그 모습을 보며 내가 다시 기뻐하는 그런 세계를 경험해보신다면, 그게 얼마나 큰 인생의 축복인지 아실 겁니다. 마치 취한 듯한, 인간이 느낄 수 있는 가장 강렬한 열정과 행복감을 경험하기 때문입니다. 거기에 술이나 마약과 달리 사랑이라는 묘약은 시간이 지나더라도 안정적인 만족감과 행복감까지 느끼게 해주니 얼마나 위대한가요.

사랑에게 고맙다.

내가 나를 잊는 순간이

이토록 따뜻하다는 것을 알게 해줘서.

Thank you for love.

For letting me know forgetting myself is so warm.

계속 설레는
사랑을 하기 위한
심리학

오래전 영화이긴 하지만 여전히 사랑의 고전으로 언급되는 영화가 있습니다. 배우 유지태와 이영애 주연의 〈봄날은 간다〉입니다. 개봉 당시는 저 또한 20대 중반의 나이로 다소 늦은 첫사랑을 하던 시기였지요. 사랑하는 사람들이 모두 갖는 흔한 환상을 품고 말입니다. 내가 하고 있는 사랑은 영원할 것이며 나는 특별한 사랑을 하고 있다고, 내가 만난 사람은 완벽한 나의 이상형이며 나의 외로움을 없애줄 세상 단 하나의 존재라고요.

좀 다른 얘기이긴 합니다만 연인 사이에 이런 '긍정적 환상positive romantic illusion'은 꼭 필요합니다. 그 사람이 썩 괜찮고 좋은 사람이라는 환상은 내가 건강한 자아를 가지고 있어서 세상과 타인을 긍정적으로 바라볼 수 있을 때 생길 수 있습니다. 쉽게는 내가 나를 긍정적으로 볼 수 있어야 타인에 대해서도 긍정적으로 바라볼 수 있다는 의미입니다. 반대로 자존감이 낮은 사람들은 타인에 대한 기대도 그다지 없습니다. '뭐 별다른 사람이 있겠어'라며 다소 시니컬하게 타인을 바라보므로 아이러니하게 상대방이 별로 괜찮은 사람이 아니어도 연인 관계를 시작합니다.

아무튼 당시에 그 위대한 사랑을 하고 있던 저는 상우(유지태 분)에 감정 이입을 좀 심하게 했습니다. 이별을 고하는 은수(이영애 분)에게 "어떻게 사랑이 변하니?"라고 읊조리는 상우 마음이 제 마음이었지요. 그러나 그 열병과 같았던 사랑이 식고 저는 첫사랑과 헤어지게 되었습니다. 저도 상우처럼 괴로워했으며 옛 연인의 흔적을 찾아 못나게 굴었지요.

사랑을 하던 시기에는 그다지 와 닿지 않았던 영화의 마지막 장면이 있습니다. 시간이 흘러 다시 재회하게 된 상우는 은수의 다시 사귀자는 요청을 거절합니다. 그녀와 함께 가고자 했던 갈대밭에 혼자 찾아간 상우는 헤드폰을 끼고 갈대 소리를 들으며 진정 자유로워지게 됩니다.

첫사랑이 끝난 뒤 이 장면을 보며 목 놓아 울었던 기억이 있습니다. 나의 사랑을 떠나보내고 마음의 찌꺼기를 비우며 애도하는 그 순간을 유지태와 함께 한 거지요. 이 영화는 사랑의 깊이와 속도가 서로 다를 수 있다는 것을 보여줍니다. 사랑이 변할 수 있다는 것을, 사랑에도 유효기간이 존재할 수 있다는 것을 보여줍니다.

사랑의 유효기간에 대해서는 과학적으로도 증명된 사실이 있습니다. 연인 사이의 낭만적 사랑이란 일종의 화학반응으로, 뇌에서 페닐에틸아민^{Phenethylamine}이 분비되어 이성이 마비되고 열정이 솟아나 행복감을 느낀다는 겁니다. 일명 콩깍지를 씌우는 일등 공신이 바로 이 신경전달물질입니다. 실은 이 페닐에틸아민은 마약 성분인 암페타민의 일종입니다. 보통 과학자들은 연인들끼리의 열렬한 사랑이라는 것은 보통 2년 정도라고 봅니다. 그 이후로는 눈에서 콩깍지가 벗겨지면서 상대방의 단점이 보이기 시작하지요.

페닐에틸아민과 함께 사랑의 감정을 일으키는 호르몬은 옥시토신^{Oxytocin}입니다. 옥시토신은 남녀를 불문하고 성관계 시 분출됩니다. 엄마가 아이를 돌볼 때 분출되기도 합니다. 아이를 낳고 자연스레 남편보다는 아이가 일순위가 되면서 육아에 온 힘을 쏟는 모습을 자주 볼 수 있는 이유입니다. 그래서 옥시토신을 관계 호르몬, 사랑과 행복의 호르몬이라고 부르기도 합니다. 페닐에틸아민의 열정이 사그라들지라도 이 옥시토신의 친밀함이 지속되어 우리는 연인과 장기적인 연애를 할 수 있게 되는 거지요.

이런 신경전달물질과 호르몬의 작용 외에도 사랑의 유효기간에 대한 심리학적 설명이 가능합니다. 사랑하는 사람과 드디어 연인 사이로 발전한 순간의 기쁨과 행복감은 오래가지 않습니다. 왜냐하면 살면서 끊임없이 변화 상태를 맞닥뜨리는 인간에게는 중립적인 상태로 돌아가려고 하는 진화적 성향이 있기 때문입니다. 이를 전문적인 용어로 '적응adaptation'이라고 하며, 비슷한 의미로 '둔감화desensitization', '습관화habituation'라고도 합니다.

우리는 끊임없이 쾌감을 추구하면서, 또 거기에 지루함을 느끼면서, 새로운 쾌감을 찾아 헤맵니다. 그래서 세상에 다시없을 것 같은 세기의 사랑을 한다고 느끼는 연인들도 관계에 시들해지게 되고 때로는 이별을 고하고 또 다른 연인을 찾아 떠나기도 합니다.

자, 그럼 우리는 어찌해야 할까요? 페닐에틸아민인지 혹은 적응인지 뭔지의 농간에 따라 2년마다 연인을 바꾸면 될까요? 어째 답이 아닌 것 같습니다. 실은 우리가 느끼는 쾌감에는 육체적 쾌락뿐 아니라 좀 더 고차원적인 심리적 쾌락도 존재합니다. 예를 들어 내가 좋아하는 취미생활을 할 때나 예술가의 작품을 보고 감동을 받을 때의 긍정적인 감정이 그렇습니다. 우리가 사랑을 하면서 육체적 사랑 못지않게 감정적, 심리적 만족감을 끊임없이 서로 주고받아야 하는 이유가 여기에 있습니다.

그런데 우리는 연애 초기의 사랑하는 그 순간은 즐기지만 그 이후는 별로 고민하지 않고 노력도 하지 않습니다. 쉽게는 권태기라는 말로 뭉뚱그려서 더 이상 고민을 할 여지를 주지 않습니다. 연애를 오래하고 결혼하는 커플들은 결혼 준비 카페를 드나들며 오로지 결혼식 자체에 대한 고민만 주고받습니다. 스드메(스튜디오 촬영·드레스·메이

크업)는 기본이고 신혼 여행 준비며 신혼집 꾸미기에만 심혈을 기울입니다. 결혼식 당일과 신혼여행 일주일의 백일몽 후에는 지난하게 수십 년을 부부로 살아야 하는데 그 이후의 고민을 별로 하지 않고 결혼을 합니다.

'신데렐라와 왕자는 오래오래 행복하게 살았습니다'라는 동화의 결말이 정말로 해피엔딩으로 끝나려면 신데렐라와 왕자 모두 그 이후 변화된 환경에 열심히 적응해야 합니다. 신데렐라는 여러 공식석상의 매너를 익히며 왕비라는 새 역할을 해내고, 왕자 또한 낯선 궁에서 그녀에게 친정아버지처럼 든든한 아군이 되어주고 세상에 다시 없을 다정한 연인도 되어주며, 둘 다 밖에서는 근엄하기 이를 데 없어도 서로의 앞에서는 사회적 가면을 벗어던지고 낄낄거리며 아이처럼 놀기도 하는 식으로요.

평범한 연인이나 부부들도 초기의 열정적인 단계가 지나면 관계는 이처럼 다양해져야 합니다. 연인들이 시일이 지나면서 점점 할 얘기가 없어진다고 카페에서 각자 스마트폰만 보고 있거나 부부가 퇴근 후에 애가 뭘 먹었는지, 소아과에서는 어디가 문제라고 한다든지 등의 아이 얘기 외에는 할 게 없다면 고민을 해봐야 합니다. 연애 초기의 설렘과 섹슈얼리티가 가미된 연인의 틀 또는 부모라는 역할의 틀에서만 두 사람의 관계가 경직되게 형성됐기 때문입니다.

저는 사이좋은 연인이나 부부의 비결은 유연한 역할 놀이가 가능한 관계에 있다고 생각합니다. '우리는 연인이 되었습니다'로 시작되었지만 '우리는 서로에게 가장 좋은 친구이기도 합니다', '우리는 삶에서 쿵짝이 잘 맞는 서로의 파트너이기도 합니다', '우리는 서로 힘들 때 쉴 수 있는 안식처이기도 합니다' 등의 다양한 역할을 할 수 있을 때 관계가 풍요로워지고 행복해집니다. 여기에는 나와 나의 연인 공통의 노력과 의지가 필요합니다. 그렇게 일정 역할만 하는 고정된 관계가 아닌 다채롭게 변하는 관계 형성을 한다면 여러분은 오랫동안 나의 연인을 새롭고 짜릿하게 바라보게 될 겁니다.

열정적 사랑에 관한 과학적 연구로 유명한 미국의 심리학자인 일레인 햇필드Elaine Hatfield와 윌리엄 월스터William Walster의 말이 우리에게 많은 것을 시사합니다.

"낭만적인 저녁식사, 저녁으로의 여행, 집에서 함께 하는 저녁, 그리고 휴가는 항상 중요하다.
관계가 살아남으려면 두 사람 모두 지속적으로
관계를 좋은 것들과 연결시키는 노력이 중요하다."

주는 만큼
돌려받지 못한다
느낄 때

어느 순간부터 '감정노동 emotional labor'라는 단어가 심심치 않게 들려옵니다. 상담원이나 텔레마케터 등 주로 고객을 대면하는 서비스 직군들이 본인의 감정을 감추고 고객의 만족감을 위해 말투나 표정, 행동을 인위적으로 꾸며내는 것을 말합니다. 그런데 우리가 간과하고 있는 사실이 있습니다. 공적인 영역 못지않게 사적인 영역에서도 감정노동을 많이 하고 산다는 것이죠.

　가족을 들여다보면 우리는 부모, 자식, 부부라는 이름으로 많은 감정 노동을 요구합니다. '딸은 엄마의 감정 쓰레기통이 아니다'라는 책 제목을 보고 자신의 처지 같아서 한참을 울었다는 외래 환자분을 봤습니다. 엄마가 속이 풀릴 때까지 쏟아내는 아빠 욕에 고모 흉을 몇 시간씩 들으며 원하는 리액션을 해주고 나면 온몸이 녹초가 되는데, 이런 일이 중학생이 된 이후로 30년째라고요. 이 외에도 장녀였던 어떤 환자분은 "누나니까 남동생에게 양보해"라는 말을 듣고 자라 지금도 드라마에서 딸이 차별받는 장면이 나오면 가슴이 울컥하며 분노에 휩싸인다는 말을 합니다. 그런가 하면 종합병원 심장내과 전문의인 남편이 콜을 받으면 시도 때도 없이 병원에 나가야 하는 상황인데, 아내가 친구 인스타그램을 보고 "왜 당신은 친구 남편과 달리 내 생일에 미역국을 손수 끓여주지 않느냐"며 철없는 투정을 부리는 것도 봤습니다.

이러한 감정 노동을 우리는 연인 사이에서도 요구합니다. 만난 지 100일째 되는 날, 1년 되는 날, 생일, 무슨 무슨 데이를 챙겨주고 챙김받는 것을 당연시합니다. 내가 이런 소소한 날들에 의미를 두고 기꺼이 챙기는 스타일이라면 괜찮습니다. 연인의 취향을 생각하며 선물을 고르고 그의 기뻐하는 모습을 상상하는 것만으로도 엔돌핀이 치솟습니다. 때로는 남자친구의 생일에 회사 부서원 전체에게 돌릴 샌드위치를 만들고 쿠키를 구우면서 행복합니다. 제가 인턴을 돌 때는 다른 과를 도는 여자친구의 일을 대신해 몸이 부서져라 일하면서도 행복해하는 동기 녀석의 모습도 봤습니다.

자, 그러나 여기까지입니다. 내가 해준 것에 상대방이 행복해하면 그 모습을 보고 만족해야지 기브앤테이크가 안 된다고 속상해할 필요는 없습니다. 내가 이만큼 베풀었으니 너도 그만큼 달라고 요구하는 건 서로에게 일종의 감정노동이 될 수 있습니다.

그러나 안타깝게도 인간은 나의 경험 안에서 세상을 바라보는 존재라, 내가 연인에게 100만큼을 해주었다고 생각하면 연인에게서 90~110을 받기를 원합니다. 만일 내가 준 만큼 받지 못한다고 느끼면 상대방에 대한 서운함이 커지게 됩니다. 왜냐하면 연인이 나를 덜 사랑하는구나라고 지레 짐작을 해버리기 때문입니다.

기억하셨으면 하는 점은, 연인 관계에서 물질이나 감정, 시간을 주고받는 것에는 저리 단순한 계산이 아닌 여러 가지 변수가 혼합되어 작용한다는 사실입니다. 예를 들어 'A라는 사람의 기질×사랑하는 정도×상황'에 따라 변수가 작용합니다. 연인에게 낯 간지러운 말을 못하는 성격의 사람이라면, 연인을 엄청 사랑하지만 마침 중요한 시험을 앞두고 있거나 회사 프로젝트 진행이 한창이라 연인의 생일 선물을 미처 꼼꼼히 살피지 못할 수도 있고 한 달 가까이 못 만나더라도 미안한 마음을 잘 표현하지 못할 수 있습니다. 거기에 '상대방 B의 (과거 연인에 대한) 경험×(기본적인 연인에 대해 가지고 있는) 기대×(현재 연인이 한 행동에 대한 내 나름의 평가인) 해석'이 만나면 상황은 끝없이 부풀게 됩니다. 예전 남친은 적어도 이 정도는 해주었는데, 1주년 기념으로 커플링 정도는 해줘야지, 혹시 이는 이별의 전조 신호가 아닌가라는 생각까지 부풀며 스스로를 괴롭힐 때도 있습니다.

이리 복잡다단한 인간사의 변수가 있다는 것을 이해하지 못하면 오로지 연인이 나에게 어느 정도의 관심과 호의를 보여주느냐를 사랑의 척도이자 증명으로 생각하는 오류를 범하게 됩니다.

또 하나, 우리가 연인에게 무언가를 베풀 때 순수한 마음이기보다 내가 너를 챙겨주었으니 너도 나를 사랑해주어야 한다는 사심이 들어가긴 합니다. 너와 내가 서로에게 특별한 관계라는 것을 시시때때로 확인해야 안심이 되는 관계가 연인 사이니까요. 그런데 내가 연인에게 뭔가를 해주고 딱 그만큼의 애정을 기대하게 되면 어쩌면 내 행복의 주도권을 연인에게 넘겨준 모양새가 될 수 있습니다. 연인에게 피드백되어 돌아오는 것이 없으면 역시나 자동적으로 그는 나를 덜 사랑하는구나로 귀결되니까요.

내가 사랑하는 만큼 베풀면서 연인이 행복해하는 모습을 보며 기뻐하는 건 내 행복의 주도권이 나에게 있는 것입니다. 이해가 잘 안 되신다면 우리가 '연예인 덕질'을 하면서 스스로 행복해하는 것을 생각하면 됩니다. BTS의 앨범을 사고 굿즈를 사고 소속사에 생일 선물을 보냅니다. BTS가 나의 존재 자체를 모르더라도 괜찮습니다. 그는 나의 '뮤즈'이며 '슈퍼스타'이기 때문입니다. BTS가 오랫동안 인기와 명예를 누리면서 굳건히 아티스트로서의 길을 걸어가길 응원하고 기원하면서 나는 행복해합니다.

꼭 연인이 아니어도 친구든 지인이든 장기적으로는 어느 정도 감정, 물질, 시간의 등가교환이 성립되는 관계여야 오래가는 것은 맞습니다. 그러나 연인 사이에서 이 등가교환이 꼭 엄격하게 이루어지지 않을 수도 있는 여러 상황을 인지해야 서로 오해가 안 쌓일 수 있습니다. 진정 행복한 관계는 나도 그에게 베풀면서 그 자체로 행복해하고 그 또한 나에게 베풀면서 행복해하는 그런 관계입니다. 물론 이상적인 얘기라는 것은 압니다. 그러나 연인들이 서로가 서로에게 '뮤즈'이자 '슈퍼스타'가 될 수 있다면 얼마나 좋을까 하는 생각입니다. 이렇게 서로에게 주는 것이 어느 정도 자연스럽게 등가교환이 될 경우에 우리는 행복한 연인이 될 수 있습니다.

집순이인 내가
'인싸'인 그를
만났습니다

내향성과 외향성의 사람이 사귀면 데이트 장소를 어디로 할지부터 지인 모임에 동반 참석을 할지, 각자 어떻게 시간을 보낼지까지 하나에서 열까지 의견이 다르곤 합니다. 이 내향성과 외향성은 타고난 기질로 바뀌지는 않습니다. 단지 직업의 필요에 적응하는 과정이나, 살면서 자존감이 주눅 들었다가 살아나기도 하는 환경 변화에 따라 그 정도가 달라질 뿐입니다. 기질 자체는 그리 쉽게 바뀌지 않습니다.

문제는 이제 상대방의 '인싸(무리에 섞여 적극적으로 활동하는 사람들의 속칭)'스러운 활동적인 성향과 나의 집순이 성향이 슬슬 갈등을 드러내고 있다는 것입니다. 처음엔 내가 집에서 책 읽고 영화 보는 것을 높이 사던 그가 지금은 답답해합니다. 나 또한 마찬가지입니다. 익스트림 스포츠를 즐기고 전 세계 이곳저곳을 여행한 그의 삶을 향한 액티브함이 매력적이었는데 지금은 왜 쓸데없는 에너지를 흩뿌리고 다니지? 앞으로 몇 살까지 저러려나? 싶은 마음이 듭니다.

이렇듯 내향인과 외향인은 각자 추구하는 자극의 정도가 다릅니다. 자극이란 외부세계에서 우리 안으로 들어오는 입력의 양을 말합니다. 불빛, 소리, 사교 생활 등 모든 요소를 망라하지요. 심리학자 한스 아이젠크Hans Eysenck는 내향인과 외향인의 차이가 '상향그물망 활성계ascending reticular activating system, ARAS'라는 뇌 구조에 있다고 했습니다. ARAS는 대뇌피질과 기타 뇌 영역까지 연결된 뇌간의 일부분으로, 뇌로 들어가는 자극의 양을 조절해서 각성 과잉과 각성 미달의 균형을 조절합니다. 이 자극은 시각·청각·미각·후각·촉각 등의 기본 단순 자극부터 사람이 주는 여러 복합적인 심리적 자극도 포함합니다.

쉽게 설명드리면 내향인은 외향인보다 이 자극을 받아들이는 ARAS가 예민합니다. 같은 자극이 들어와도 내향인은 더 많이 각성되며 그래서 더 많은 신체적·정신적 에너지가 소모되어 쉽게 피로해집니다. 그래서 혼자 있는 것을 즐기고 조용한 장소를 좋아합니다. 반대로 외향인은 ASRS가 다소 둔감해서 자주 각성이 부족하다고 느낍니다. 그래서 혼자 있는 조용한 상황을 심심하고 지루하다고 느끼며 나를 흥분시켜줄 자극을 찾아 헤매게 됩니다. 여러 자극들 중에서도 사람이 주는 자극을 가장 기꺼워하며(반대로 내향인들은 여러 자극 중에서 사람이 주는 자극을 가장 힘들어합니다) 술자리를 좋아하고 사람들과의 만남을 즐깁니다.

대인관계에서도 내향성인 사람들은 사무실 문을 닫고 일에 몰두하는 것을 좋아하고 외향성인 사람들은 회의 의장을 맡아 활약하는 걸 좋아합니다. 각자 자기에게 맞는 활동의 '최적지점 sweet spot'이 존재하는 것입니다. 이 최적지점에서 활동할 때 내향성은 내향성대로 외향성은 외향성대로 삶이 만족스럽고 활력 있어집니다.

이렇게 기질이 근본적으로 다른 금성에서 온 외향인과 화성에서 온 내향인이 만나 연인이 될 경우 당연히 어려움이 있습니다. 왜 그는 저리 고리타분한 '노잼' 인생을 사는지 이해가 안 되고, 반대로 이리 저리 돌아치는 그들 따라다니다 보면 하루하루가 피곤해 죽을 지경입니다. 서로가 만족하는 접점을 찾고자 노력하지만 잘 되지는 않습니다. 가장 이상적인 것은 내향인은 내향인을 만나 연인이 되고 외향인은 외향인을 만나 연인이 되는 것입니다. 이럴 경우 서로 쿵짝이 잘 맞아 데이트 코스와 이번 여름휴가 계획을 그리 많이 고민하지 않아도 됩니다. 그러나 우리가 사랑에 빠진다는 것은 알 수 없는 신의 농간에 의한 경우도 많습니다. 나와 달리 차분하고 조용한 그의 모습이 마음에 들 수 있습니다. 또 나에게 없는 적극성과 활달함에 매력을 느껴 그와 연인이 되기도 합니다. 이렇게 각자 다른 내향인과 외향인이 연인이 될 경우 가장 좋은 해결은 그와 내가 서로 다른 삶의 영역이 있음을 인정하는 겁니다.

연인이라는 이유로 모든 시간을 같이하려 들 경우 갈등이 생길 수밖에 없습니다. 각자 좋아하는 삶의 영역을 그가 나 없이, 내가 그 없이 할 수 있다는 것을 쿨하게 인정하는 겁니다. 나는 혼자 서점에 갈 수도 있으며 그는 대학 동창들과 클럽에 갈 수도 있다는 겁니다. 그러나 그와 내가 만나 밥을 먹고 차를 마시는 동안에는 서로의 눈을 바라보며 지난 며칠간 어찌 지냈는지, 회사에서 힘들게 하는 사람은 없었는지, 기르고 있는 강아지의 중성화 수술을 무사히 마쳤는지를 궁금해하며 연인과의 시간에 최선을 다하면 됩니다.

외향성인 사람들은 길가의 민들레와 같습니다. 생명력이 강하고 아무 데서나 잘 자라며 크게 까다로운 환경을 요구하지는 않습니다. 만일 그런 나의 연인이 내향성이라면 난초와 같은 사람이라는 것을 기억해주십시오. 난초는 쉽게 시들고 기르기가 까다롭습니다. 물이나 햇빛이 과하거나 부족할 경우 죽지는 않더라도 꽃은 안 피우는 까칠함도 가지고 있습니다. 그러나 온도와 습도와 햇빛을 잘 맞추어주면 근사한 모양새로 단아한 꽃을 피워낼 수 있는 잠재력을 가지고 있습니다.

서로 외향, 내향이 다를 경우 우리는 각자 민들레와 난초와 같은 사람이라는 것을 꼭 기억해주십시오. 다르다는 것을 인정해주고 각자의 삶을 존중해줄 때 민들레는 민들레대로 난초는 난초대로 근사하게 자라날 수 있으니까요.

너를 너답게

나를 나답게 만드는 온도를

우리는 사랑이라 부른다.

The temperature that let me be myself is what we call love.

상대방에게
안 좋은 일이 생겼을 때
진정한 위로법

참으로 우리가 살면서 꽃길만 걸을 수 있다면 얼마나 좋겠습니까? 그런데 인간사라는 것이 그리 마음대로 되지 않는다는 건 이미 초등학교 시절부터 깨닫는 사실입니다. 학생 때는 공부와 입시에 대한 부담을, 사회인이 되면서는 경제적 책임을 져야 합니다. 대학 내내 짊어졌던 학자금 대출도 갚아나가야 합니다. 왜 이리 취직이 힘든지 모르겠습니다. 하늘도 무심해서 2020년에는 코비드19라는 신종 바이러스가 창궐해서 여러 경제적 산업 구조를 바꾸어 놓았습니다. 스튜어디스를 꿈꾸며 노력했던 나의 노력은 물거품이 되었습니다. 막상 입사를 해도 고된 일의 연속이고 승진에서도 미끄러졌습니다. 올해 갓 예순이 넘은 어머니가 난소암 3기 진단을 받았다는 청천벽력과 같은 소식을 엊그제 들었습니다. 왜 이리 인생은 힘들고 또 힘든 걸까요?

이런 세상의 변화를 반영해 심리학의 트렌드도 바뀌고 있습니다. 과거에는 심리적 고통을 '질병' 또는 '비정상'으로 규정했으며 병을 제거하기 위해 원인을 찾는 프로이트의 정신분석이 유행했습니다. 그러나 지금은 인간의 괴로움과 고통은 보편적이라는 것이 일반적입니다. 실제로 심리학자 케슬러[Ronald Kessler] 등이 행한 연구에서 인구의 50퍼센트가 일생 중 한 번은 심리진단을 받고 80퍼센트는 한 가지 이상의 심각한 심리적 문제가 있음이 밝혀졌으니까요. 여기에 심리학자 존 차일즈[John Chiles]와 커크 스트로살[Kirk Strosahl]은 살면서 일생의 최소 2주 동안 중간 정도에서 심한 정도로 자살 생각과 싸울 확률이 50퍼센트나 된다는 연구결과를 밝혔습니다. 그래서 최근에는 이 고통을 피하려 하지 않고 있는 그대로 바라보고 관찰하고 수용하는 수용전념치료나 마음챙김 등의 방법이 새로운 대안으로 떠오르고 있습니다.

내 연인이나 나 또한 인생에서 최소 한 번 이상은 힘든 일을 겪게 됩니다. 당연히 나는 연인의 마음이 힘든 걸 알아차리고 위로하기 위해 최선을 다하겠지요. 없는 솜씨를 부려 맛있는 된장찌개와 계란말이를 만들어 저녁을 한 끼 차려줄 수 있습니다. 연인이 억울한 일을 당했을 때 분한 마음이 풀릴 때까지 몇 시간이고 이야기를 들어줄 수 있습니다. 상황이 여의치 않은 연인을 대신하여 연인의 어머니를 모시고 병원 외래 진료를 도와드릴 수 있습니다. 사랑하는 연인이 지금 힘든 상황이고 내가 감정적, 경제적, 시간적 여유가 있어서 도와줄 수 있으니 얼마나 다행입니까? 지금은 이렇게 도와주는 입장이지만 나중에 내가 힘들 때 연인은 기꺼이 나를 지지하고 도와줄 사람이라는 것을 믿으니까요.

이런 일련의 방법들은 다 좋습니다. 연인에게 큰 힘이 될 것이며 든든한 사랑의 증거가 돼주니까요. 우리가 취할 수 있는 물리적인 행동이 각론이라면 저는 그 바탕이 되는 총론에 대해 말하고 싶습니다. 바로 '심리적 가시성 psychological visibility'이라는 심리 원칙입니다.

이는 인본주의적 관점에서 자아존중감에 관한 심리학 분야를 개척한 심리학자 너새니얼 브랜든 Nathaniel Branden이 쓴 용어입니다. 이 심리적 가시성은 내가 무언가를 말하거나 어떤 행동을 할 때 상대가 합당한 행동을 해주는 것을 말합니다. 예를 들어 내가 자랑스러워할 만한 일을 했을 때 상대가 같이 감탄하고 기뻐해주고, 반대로 내가 슬프고 속상할 때 상대가 나의 마음을 읽어주고 반응해주는 일입니다.

이런 심리적 가시성은 힘들어하는 상대방의 감정을 타당화하며 나를 알아주고 이해해주고 있다고 느끼게 합니다. 그리고 내가 혼자가 아니어서 외롭지 않으며 존중받을 존재라는 존재의 타당성까지도 느끼게 합니다. 즉 상대방을 비춰주는 맑은 거울과 같은 역할을 합니다. 성경에서 얘기하는 '두려워 말라 내가 너와 함께 함이라(사 41:8~13)'라는 것을 연인이 느끼도록 해줍니다.

사이가 좋은 연인이나 부부들은 이 심리적 가시성을 시기적절하게 온 마음으로 해주는 관계입니다. 이런 총론 속에서 사소한 각론들은 사람과 상황에 따라 제각각이 되겠지요. 맛있는 음식을 차려주고, 이야기를 성의껏 들어주는 것 같은 여러 행동들 말입니다.

내가 어찌하면 나의 연인에게 이를 잘 해줄 수 있는지 고민이 되신다고요? 구체적 방법을 알려달라고요? 쉽습니다. 연애 초기의 그 마음으로 돌아가시면 됩니다. 연인이 어떤 마음인지 궁금합니다. 연인이 하소연할 때 판단을 하지 않고 그 사람 입장에서 생각합니다. 연인의 말을 들으면서 그 속에 담긴 속뜻과 감정을 따라가며 적절히 리액션을 해줍니다. 그 리액션은 연인에게 잘 보이기 위해 꾸며내는 과장된 행동이 아니고 내 진심이 녹아 있습니다. 내가 연인을 위해 무엇을 해줄 수 있나 고민합니다. 어째 연애 초반에는 이렇게 해주었던 것 같은데 시일이 지나 서로에게 익숙해지면서 이런 마음이 조금은 바랬다는 생각이 드시지 않나요? 연인의 입장이 아닌 나의 입장을 주장하게 되면서 서운한 게 많아지고, 연인의 행동에 자꾸 판단을 하고 조언을 하게 되고, 시간이 지나 오래된 연인 사이가 되면서 상대방이 아닌 나에게로 내 관심의 무게중심이 옮겨지는 모습처럼요.

자, 연인이 마음이 힘들고 어려울 때 심리적 가시성이라는 거울을 들어 상대방을 비추어줍시다. 이 거울은 내 연인이 어려움을 겪는 자신과 함께 기꺼이 손잡고 가는 사람이 있음을 느끼게 합니다. 그리하여 내 연인은 세상에 혼자가 아니며 자신은 충분히 가치 있는 존재임을 스스로 느끼게 될 겁니다.

서로가 아닌
외부 상황이
문제라면

1972년 콜로라도 대학교의 리처드 드리스콜[Richard Driscoll], 키이스 E. 데이비스[Keith E. Daivs], 밀턴 E. 리페츠[Milton E. Lipitz]는 '로미오와 줄리엣 효과'에 관한 논문을 발표했습니다. 연구팀은 '부모 간섭이 심할수록 사랑은 더 깊어질 것이다'라는 가설을 세우고 설문 조사를 진행했습니다. 결혼한 부부와 결혼하지 않은 커플 총 140명을 인터뷰하고 상대방에 대한 감정과 신뢰감과 부모의 간섭에 대한 설문과 함께 약 6개월간 그들을 관찰하면서 두 사람의 관계가 어떻게 유지되는지 확인한 것입니다. 그 결과 부모 반대가 극심할수록 두 사람의 사랑이 깊어지는 것을 확인할 수 있었습니다.

이런 커플이 결국 외부의 강요를 못 이겨 실연을 맞이할 경우 안타까움, 그리움, 미련, 아쉬움의 감정이 짙게 남게 되겠지요. 못 이룬 사랑에 대한 환상을 갖고서요.

그런데, 현대를 살면서 이민이나 유학 같은 물리적인 장애물 외에 외부적 사정이라는 것이 과연 정말 두 사람의 마음과는 상관없는 외적인 요인일까요?

주변을 돌아보면 사실 문제는 그 상황 자체가 아닌 나한테 달린 경우가 많습니다. 어마어마한 집안의 아들이 사회적 배경이 차이 나는 여자친구를 데리고 왔을 때 그녀의 인품과 상관없이 집안에서 격렬히 반대합니다. 아들은 강한 부모에게 반발할 만큼의 용기가 없어 여친과의 이별을 택합니다. 또 남자친구가 적금을 꾸준히 붓고 있으며 향후 자리 잡아갈 능력이 있는데도 당장에 수도권의 번듯한 전셋집을 못 해온다는 이유로 헤어지는 경우도 봤습니다.

외부적 사정이라는 것이 진정한 외부적 사정이 아니라 내 것을 조금이라도 손해 보기 싫다는 자신 혹은 부모의 가치관이 반영되는 경우가 많습니다. 그 사람을 사랑하기는 하지만 내 것을 양보할 정도로 사랑하지는 않으며 부모님과 연인을 저울에 올려보면 부모님 승이 되는 것이 솔직한 마음이지요. 나중에 시간이 흘러 지나간 사랑을 돌아보며 와인 한잔 하면서 아련한 추억을 곱씹는 그 정도의 사랑인 겁니다. 이탈리아의 시인이자 학자인 페트라르카의 '얼마나 사랑하는지 말할 수 있다면 조금밖에 사랑하지 않는 것이다'는 말처럼 말입니다.

누군가 나의 사랑을 반대하시나요? 특히나 반대하는 사람이 나의 사랑하는 가족일 경우에 나는 어떻게 해야 하나요? 한번 그 반대하는 이유를 살펴봅시다. 연인의 성품이나 능력이나 삶에 대한 태도나 직업을 대하는 노력 등 그 사람의 근본적인 것들로 반대하는 것인지, 아니면 환경이나 상황, 부모의 욕망이 투사된 사회적 지위나 재산으로 반대하는 것인지 말입니다.

그리고 다음 순서로는 나를 봅시다. 내가 부모와 같은 가치관을 따라 사는 사람이라면 부모의 뜻에 따르는 것이 좀 더 안전하고 행복할 수 있는 길입니다. 돈을 좋아하는 부모와 그런 부모의 가치관을 그대로 따르는 딸은 돈 잘 버는 사람을 고르면 인생을 행복하게 삽니다. 설령 정서가 안 통하는 아쉬운 점이 있더라도요. 그러나 내가 부모와 다른 가치관을 가진 사람이라면 나의 가치관에 따라 나의 연인을 선택하는 것이 맞는 선택이 됩니다. **자신이 추구하는 인생의 방향성을 알면, 나머지 외부 요인들에 대한 현명하고 분별 있는 선택을 할 수 있습니다.** 경제적인 면과 사회적인 체면을 가장 중요시하는 부모님의 가치관과 달리 대화가 통하고 감정을 나눌 수 있는 부분을 중요시하게 생각하는 사람은 그런 사람을 연인으로 고르면 됩니다. 외부 조건이나 상황들이 어떤지에 앞서 나의 욕망을 잘 살펴봅시다.

나는 어떤 사람인가에 대한 내면의 솔직한 대답이 이 질문에 대한 답이 될 겁니다.

연애중일수록
인간관계에
더 신경 써라

세상에는 두 종류의 연애가 있습니다. 하나는 나를 성장시키고 나의 세계를 확장하는 연애입니다. 또 다른 하나는 나를 구속하고 나의 세계를 축소하는 연애입니다.

후자는 대표적으로 간섭하고 통제하는 관계를 들 수 있는데, 그럴듯한 명분을 쓰고 있을 때가 많아서 당하는 사람도 인식하기 어렵습니다. 예를 들어 아내의 사회생활을 원치 않는 남편이 아이의 육아나 교육을 명분으로 전업주부를 시킨다거나, 사귀는 사람에게 나에 대한 사랑의 증거로 친구들과 거리 두기를 요구하는 식입니다.

이럴 때 연인과의 관계는 '나(I)와 너(You)'가 아닌 '나(I)와 그것

(It)'이 됩니다. 그것을 구속하고 내 입맛에 맞는 방향으로 역할을 부여합니다. 그 과정에서 그것의 관심과 취향은 무시되면서 세계가 좁아지고요. 자신이 어떤 사람인지 잊어버리고 주어진 역할에 충실히 살거나 혹은 이게 아닌데 하는 괴리감을 느끼면서도 현실과 타협하며 살아가게 됩니다.

조남주 작가의 소설 《82년생 김지영》을 보면 이런 모습이 잘 보입니다. 김지영과 그의 남편은 출산을 앞두고 아이 양육 때문에 고민하다가 결국 김지영이 퇴사하는 것으로 결론을 냅니다. 김지영은 그 뒤로 본인이 원치 않는 전업 주부의 삶을 살면서 우울해합니다. 남편이 김지영을 심정적으로 지지해주기는 하나 진정코 김지영이 원하는 모습으로 사는 삶을 응원하지는 않습니다.

82년생 김지영은 우리네 삶에서 너무나 흔한 모습입니다. 육아와 직장이 부딪힐 경우 많은 여성들이 육아를 선택하니까요. 육아는 여성의 몫이라는 사회의 암묵적 합의에 많은 여성들이 순응합니다. 그러다 보면 김지영처럼 이게 내가 원하는 삶은 아닌데 싶은 갈등을 느끼며 본인이 어떤 사람인지에 대한 것은 뒷전으로 밀쳐두고 아이 엄마로서 아내로서 며느리로서 살아가게 됩니다. 그러면서 스스로의 행복과는 거리가 먼 삶을 살게 됩니다.

반대로 '나와 너'로 동등한 연인 관계에서는, 내가 사랑하는 사람이 무엇이든 될 수 있습니다. 동화를 쓰는 작가, 일반 회사원, 물론 전업주부도 될 수 있지요.

제가 전공의 수련을 받을 때, 부부가 둘 다 의사인 선배가 있었습니다. 아내가 일을 줄이고 육아에 전념하고 싶은데 어찌 생각하냐고 미안해하며 물어보더랍니다. 선배는 내가 사랑하는 사람은 당신이지, 의사인 당신인 게 아니니 미안해할 필요가 없다고 답했다던 기억이 납니다. 실제로 두 사람은 상대가 더 바쁘고 힘들 때 독박육아를 기꺼운 마음으로 감당했었지요.

이처럼 '나와 너'의 관계에서는 역할과 기능이 아닌 인간 그 자체로 존중을 하고 더 나아가 서로의 성장을 기원합니다. 세계적인 발레리나 강수진과 그의 남편인 툰치 소크맨을 보면 이런 관계가 잘 드러납니다. 남편 툰치 소크맨은 슈투트가르트 발레단에서 강수진과 함께 활동하던 동료이자 선배로, 은퇴 전까지 아내의 매니저 일을 맡으며 매일 손수 저녁을 준비했습니다. "매니저가 보는 수진은 세상에서 가장 아름다운 예술가고, 남편이 보는 수진은 세상에서 가장 아름다운 여자"라고 말하면서 예술가로 사는 아내에 대한 사랑을 드러냅니다. 강수진 또한 "동료 같고 한편으로는 친구 같은 남편" 덕분에 일상이 즐거울 수 있다며 고마움을 말합니다.

내 연애가 나의 여러 세계를 점점 축소시키는지 혹은 내가 연인에게 그의 세계를 좁히라고 요구하는지 잘 살펴보세요. 만일 그렇다면 당장은 둘만의 세상에서 행복에 젖을 수는 있지만 분명히 그 약발이 다할 날이 오게 됩니다. 더 이상 둘만 노는 것이 재미있지 않은 그날이요. 이때를 기점으로 상대방이 부담스러워지기 시작합니다. 그러면서 어느 누군가가 먼저 살살 밖으로 눈을 돌려 친구나 직장 동료와 약속을 잡으면 사랑이 변했네 하는 말을 듣게 됩니다. 그러다가 최악의 경우 연인과 결별하게 되면 나의 세계는 더 공허해집니다. 위로해 줄 친구도 그동안 떠나갔기 때문입니다.

우리가 사랑하는 건 내 삶을 풍요롭게 하기 위해서이지, 내 삶을 빈약하게 하기 위해서가 아닙니다. 행복한 연애란 제로섬 게임이 아닌 윈윈 게임이라는 당연한 사실 한 가지를 우리는 알아야 합니다.

사랑은

내게 무엇이든 될 수 있는

용기를 준다.

You give me courage to be anything.

너무 아프고
힘든 사랑을 위한
용기

사랑은 불현듯 우리에게 찾아와 삶을 극락으로 빠지게도 하지만 어느 한순간에 지옥으로 떨어뜨리기도 합니다. 전혀 안 어울릴 것 같은 미녀와 야수 스타일이 만나거나 재벌2세와 서민이 사랑에 얽히는 이야기는 아직까지도 사람들에게 사랑의 환상을 심어줍니다. 사랑에 있어 조건은 적어도 사랑하는 당사자들에게는 큰 걸림돌이 되지는 않습니다. 나이 차가 많이 나거나 여러 사회경제적 배경이 다름에도 불구하고 사랑에 빠진나는 건 나머지 전부를 무시할 만치의 매력을 느낀다는 얘기니까요. 오히려 적당히 비슷한 조건의 사람들이 무난 평탄하게 연애를 이어가는 것과는 다르게 더 큰 사랑, 더 열정적인 사랑, 더 맹목적인 사랑을 그들은 하고 있을지도 모릅니다.

그래서 겉으로 보기에 정말 안 어울리는 커플에 대해 어느 한쪽이 아깝네 식의 말을 하는 것은 큰 실례라고 생각합니다. 우리는 그 커플의 외부로 보이는 모습밖에는 알지 못하기 때문입니다. 사랑의 역사가 지속되면서 두 사람은 남들은 모르는 서로의 보석 같은 반짝거림을 알고 있습니다. 관심사가 무엇이며, 어떤 상황에 가슴 아파하는지, 어떤 순간에 최고의 행복감을 느끼는지, 미래에는 어떤 모습으로 살고 싶은지, 과거에 어떤 힘든 경험을 한 적이 있는지, 남들에게 말 못하는 그의 콤플렉스가 무엇인지, 어떤 부분에서 약해지면서 힘들어하는지 등의 내밀한 모습을 그들끼리는 공유하고 있는 겁니다.

매순간 상위 포식자의 존재를 경계해야 하는 동물들도 짝짓기를 하는 나의 짝 앞에서는 이 모든 경계가 풀어지며 약하고 은밀한 부분까지 허락합니다. 인간도 마찬가지입니다. 나의 진정한 연인에게는 나를 드러내는 데 거리낌이 없습니다. 나의 장점뿐만 아니라 약점까지 드러냅니다.

다시 한 번 말하지만 두 사람의 사랑의 문제는 지극히 개인적인 영역입니다. 여기에 대한 판단은 타인이 아니고 스스로 하는 겁니다. 나이 차나 조건 차이가 나서 부모님의 반대가 있다 한들 부모님은 나의 연인에 대해 잘 모르고 실은 부모님은 나에 대해서도 잘 모릅니다. 제가 외래에서 만나는 환자분들의 부모님에게 자식의 성격에 대해 물어보면 착해요, 까칠해요, 성실해요 하는 대답이 전부입니다. 그러나 실제로 동호회 회장을 맡고 있을 정도로 산악자전거에 빠져 돈을 아끼고 모아 럭셔리 자전거 용품을 사는 데 미쳐 있는 아들도 있고요. 일본 만화 캐릭터 의상을 따라하는 '코스프레'를 은밀하게 취미생활로 가진 딸도 있습니다. 클럽에서 처음 만난 사람과 원나잇을 즐기며 빈약한 신앙심을 가진 아들에게 신학교를 가서 목회자가 되길 원하는 부모도 봤습니다. 성정체성이 동성애자인데 부모는 그걸 모르고 우리 딸이 서른이 넘어 일하는 데만 관심이 있지 결혼에 관심이 없다며 한탄을 합니다.

이렇듯 우리 자신을 보면 우리는 부모에게도 나를 그리 많이 오픈하지 않습니다. 그러니까 부모는 자식에 대해서도 잘 모르며, 자식의 연인에 대해서도 잘 모르는 상태로 염려를 표합니다. 물론 그 염려가 일리 있을 때도 있지만 아닐 때도 있습니다. 결국은 나의 연인에 대한 확신과 판단은 나의 몫이라는 얘기입니다.

다만 예외가 되는 경우는 내 연인이 기혼자일 때입니다. 모든 바람피우는 사람들의 공통된 대사가 있습니다. "내 와이프와 혹은 내 남편과 예전부터 사이가 안 좋았다. 현재 거의 별거 상태이고 이혼 도장 찍는 건 시간문제다"라는 거지요. 이 책을 읽는 똑똑한 독자분들은 이렇게 아무나에게 와이프와 사이가 안 좋다고 사방팔방 떠들고 다니는 그의 인격을 의심해야 합니다. 정말 같이 못 살겠으면 결단력 있게 이혼해야 하는데, 그럴 용기는 없는 우유부단한 사람인 거지요. 혹 내가 이런 기혼자와 사랑에 빠져서 진실한 사랑이라 생각하고 사는 분이시라면 나를 로미오와 줄리엣이라 착각하는 건 아닌지 냉정히 보서야 합니다. 외부인들을 우리의 사랑을 시기하고 방해하는 적으로 간주하며 나와 내 연인은 이 모든 역경을 뚫고 사랑을 이루겠다는 소설을 혹시 쓰고 있나 알아야 한다는 겁니다. 그들의 속내는 육체적 즐거움에 더해 감정놀음까지 덤으로 하자는 겁니다. 당신을 대상으로 무책임한 감정 기만을 하는 것일 수 있습니다.

이 외에 부모의 반대든 어떤 조건의 벽이든 무릅쓰고 결혼한 용기 있는 사람들이 있습니다. 그들에겐 결혼식장에 가서 진심 어린 축하를 보내며 행복하게 살기를 빌어주게 됩니다. 아픈 사랑을 하고 계신 분들이 있다면 용기를 내시면 좋겠습니다. 혹시라도 잘 모르는 사람들이 생각 없이 뱉는 어떠한 말들에 상처를 받지 않으셨으면 좋겠습니다. 다른 어떤 사람도 내 삶을 대신 살아줄 수는 없습니다. 내 사랑과 내 선택에 대한 책임은 오롯이 나의 몫이기 때문입니다. 심지어 나를 끔찍하게 사랑하는 나의 부모도 또 하나의 타인입니다. **직업이나 우정과 같은 영역과 달리 사랑에 차선이라는 것은 존재하지 않습니다. 최선을 다함과 최선을 다하지 않은 것 두 가지의 선택지밖에 없기 때문입니다.** 물론 그 결과가 꼭 해피엔딩은 아닐 수 있습니다. 그러나 내가 나의 사랑과 선택에 확신을 가지고 책임지는 인생을 살았다면 그것만으로도 삶은 의미가 있습니다. 사랑에 최선을 다하는 것은 내 삶에 최선을 다하는 것이기 때문입니다.

미지근한 사랑은
뜨거운 사랑보다
못한 걸까?

사랑에 대해 과학적으로 알려진 연구들이 많지 않아 우리는 사랑에 대해 환상을 가지고 있습니다. 왜 영화나 소설에 나오는 것처럼 세상이 뒤집히는 순간에도 서로의 동공에 비친 상대방의 모습을 바라보면서 몰입하는 그런 사랑을 나는 못 해봤나, 웹툰을 보면서 대리만족이나 하는 건가 하면서요. 이런저런 사랑의 이론들에서 사실은 간과하고 있는 부분이 있습니다. 바로 우리에겐 각자 기질적인 차이가 존재하기에 사랑에 대한 일반론을 펼치더라도 개인마다 할 수 있는 사랑의 종류는 나누어져 있다는 것을요.

우리가 저마다 낼 수 있는 목소리의 음역대가 다르듯, 누구나 하나같이 열정적이고 낭만적인 사랑을 하는 건 아닙니다. 첫눈에 누군가에게 반한다는 것은 있을 수 없는 사람도 있고, 서로 잘 아는 친구처럼 편안한 관계의 사랑을 선호하며 그동안의 연애사를 돌이켜봐도 항상 그런 사랑을 했던 사람도 있습니다. 또 집안에서 주선한 선 자리에서 만나 석 달 사귀고 결혼을 했지만 무난하게 자신의 사랑과 삶에 만족하며 사는 사람도 있습니다. 반면 한눈에 반해 상대방이 거절하건 말건 끝까지 쫓아다니며 사랑을 쟁취하는 스타일도 있습니다. 그러다가 상대에 대한 열정이 조금이라도 식게 되면 지체 없이 이별을 고합니다. 그럼에도 많은 이들이 내가 어떤 기질의 사람인가 하는 것은 고려하지 않고 아직 소울메이트를 못 만나서 영화나 소설에 나오는 뜨겁고 열정적인 사랑을 못 하는구나 착각합니다.

여기서 질문을 하나 드리겠습니다. 로미오와 줄리엣처럼 집안의 반대를 무릅쓰고 부모와 의절하면서까지 사랑을 위해 모든 것을 희생할 수 있는 분 계시면 손 한번 들어보세요. 또 연인이 죽은 것을 알고 기꺼이 독약을 마시며 연인의 뒤를 따라갈 수 있는 분 있으면 손 다시 한번 들어보시고요. 여기에 한 치의 망설임 없이 손을 드신 분이라면 당신은 바로 그 영화나 소설에 나오는 격정적이고 열정적인 사랑을 할 수 있는 사람입니다. 그런데 대부분의 사람들은 부모의 격렬한 반대를 못 이기거나 혹은 나 스스로 현실이라는 벽에 부딪혀 연인의 손을 놓는 경우가 많습니다. 연인이 교통사고나 암으로 죽었을 때 같이 저승까지 따라가는 경우는 살면서 들어본 적은 없습니다. 로미오와 줄리엣은 이것을 해낸 사람들이고 그래서 이들의 사랑은 시대를 초월하여 두고두고 회자되는 것입니다.

또 쉽게 사랑에 빠지고 금방 식는 유형의 사람들의 기질이 있습니다. 심리학 용어로 '자극추구 novelty seeking' 성향이 높다고 말합니다. 새로운 자극이나 보상을 추구하는 유전적인 경향이 있다는 것이지요. 이 기질의 사람은 쉽게 흥분하고 탐색적이고 호기심이 많으며 충동적입니다. 성미가 급하고 감정 변화가 많습니다. 일반적으로 감정 절제도 어려운 편입니다.

이들이 사랑에 빠지면 뇌 안에서 쾌락과 보상에 대한 체계가 활발히 움직이면서 도파민이 분비되어 마치 코카인이나 암페타민 같은 마약을 한 듯한 황홀한 느낌에 취하게 됩니다. 뇌의 보상체계는 중독이나 마약과 관련되어 있습니다. 그래서 세간에서 흔히들 하는 말인 '바람을 한 번도 안 피운 사람은 있어도 한 번만 피운 사람은 없다'는 말은 일리가 있습니다. 타고난 자극 추구 성향에 따라 바람을 피우면서 황홀경에 빠지는 경험을 하게 되면 기회가 될 때 다시 그 경험을 하고 싶어 하는 겁니다. 만일 이런 사람이 도덕성 수준까지 낮으면 상대방에 대한 죄책감 없이 습관적으로 바람을 피우는 사람이 됩니다. 물론 이런 기질을 타고났다 하더라도 높은 도덕성으로 인해 나의 행동을 잘 조절하며 사는 사람도 있습니다.

그래서 우리가 할 수 있는 사랑의 폭은 일정 부분 기질로 결정됩니다. 열정적인 사랑을 하는 사람도 있고 차분한 사랑을 하는 사람도 있습니다. 이는 내 감정의 타고난 감정선에 따라 정해집니다. 내가 영혼의 반려를 만나야만 영화에 나오는 뜨거운 사랑을 할 수 있는 건 아닙니다. 그래서 사랑은 둘이 하는 것이기는 합니다만 나 혼자 하는 나만의 감정몰두이기도 합니다. 그리고 그 감정몰두는 전적으로 나의 책임 하에 있습니다. 정확하게 내가 어떤 기질의 사람이냐가 그 감정몰두를 결정하기 때문입니다.

상대방을 바라보며 남들 다 경험한다는 동공 지진은 경험하지 못한 뜨뜻미지근한 나의 사랑에 아쉬워할 필요는 없습니다. 반대로 사랑을 할 때마다 열정적으로 세기의 사랑을 하시는 분들은 하던 대로 하시면 됩니다. 이렇게 사람마다 타고난 기질이 다르기에 내 사랑과 남의 사랑의 모습을 비교할 필요는 없습니다. 영화나 드라마에 나오는 휴머니즘적 헌신적인 사랑, 뜨겁게 불타오르는 정열적인 사랑, 돌고 돌아 운명을 거스르고 이루어지는 치명적인 사랑, 고난과 역경을 극복한 위대한 사랑 등등의 모습에 현혹될 필요도 없습니다. **나는 나의 온도대로 나의 사랑을 만들어나가면 됩니다. 그 사랑은 그 어떤 영화나 드라마에 나오는 잘난 사랑 못지않은, 세상에 단 하나밖에 없는 내 삶의 역사가 담긴 귀한 사랑이기 때문입니다.**

어른의 이별

덜 아프고 더 나은 안녕을
말하는 법

Our
Goodbyes

이별 후 상대의
SNS를 들여다보는
당신에게

2년간 사귄 연인과 이별을 했습니다. 숨 쉬는 것도 고통스러운데 왜 아침마다 태양은 뜨고 난리인지 모르겠습니다. 정신 차리고 오늘 할 일을 생각하자 다짐하지만 나도 모르게 그의 SNS를 들여다보고 있습니다. 나 없이 어찌 지내나 궁금하고, 나처럼 그도 괴로웠으면, 나를 그리워했으면 좋겠습니다. 그래서 다시 나에게 돌아왔으면 좋겠습니다. 이미 끝난 사이고 다시 인연이 시작돼도 또 싸우게 될 걸 알면서도 그렇습니다. 의미 없는 커피잔이 놓인 그의 프로필 사진을 보고 왠지 안도합니다. 저 도대체 왜 이러는 걸까요? 다 끝난 남친의 SNS를 들여다보며 새 사람이 생겼나 탐색하는 제 모습이 저도 싫습니다.

연인과 이별을 하게 되면 서로에게서 에너지를 회수하게 됩니다. 실연은 불공평한 과정이라서 이 속도가 연인 간에 차이가 납니다. 나를 떠난 그는 이미 어느 순간부터 에너지를 걷어 들이며 이별을 준비합니다. 회사 일이 피곤하다며 하루도 안 빼놓고 자정까지 붙들던 전화 통화를 빼먹는다든가, 같이 차를 마시면서 눈을 반짝거리며 내가 뭐하고 지냈는지 궁금해하던 그가 회사 일이 지치고 힘들다며 말수가 줄어듭니다. 그는 에너지 회수 내지 정을 떼는 과정을 착실히 밟아온 겁니다. 하지만 이별을 억지로 받아들여야 하는 나는 지금부터 그에게 가 있는 에너지를 회수해야 합니다. 또 그가 나에게서 걷어간 에너지의 빈 공간을 견뎌야 합니다. 팔다리를 생으로 단숨에 끊어내야 하는 아픔과 같지요.

헤어진 상대방의 SNS를 보는 건 이렇게 에너지가 회수 안 된 마음 때문이고 우리는 이를 미련이 남았다고 말합니다. 사실 상대방의 SNS를 들여다보면서 나의 마음을 위로받고 치유받을 수 있다면 얼마든지 들여다봐도 좋습니다. 그런데 실제적으로 **SNS를 들여다보는 것은 이별의 상처를 치유하는 데 도움이 되지 않습니다. 트라우마 치료의 제 1원칙은 가해자와 피해자의 물리적 격리입니다.** 물론 연인 사이에 가해자와 피해자라는 말은 맞지 않지만 내가 상처를 받은 건 사실입니다. 그리고 이별을 통보한 그가 본의 아니게 나에게 상처를 준 사람이 된 것도 사실입니다. 그래서 헤어진 연인의 SNS를 보는 건 내 상처의 딱지를 억지로 뜯어내며 상처가 낫는 과정을 더디게 만드는 일입니다.

외래 환자였던 30대 초반 모래 씨도 같은 고민을 했습니다. 제가 한번 물어봤습니다. 그렇게 SNS를 들여다보다가 그의 새로 생긴 여친이 모래 씨보다 외모든 스펙이든 성격이든 나은 여자일 경우, 못난 여자일 경우, 나랑 비슷한 여자일 경우, 그래도 어느 쪽이 나을 것 같냐고요. 첫 대답은 "셋 다 기분이 안 좋아요"였지만 한 2~3분 뒤에 "그래도 저보다 못난 여자가 제일 나을 것 같다"며 솔직한 속마음을 털어놓았습니다. 나보다 못난 여자여야만 그가 나중에라도 후회하면서 자신을 아쉬워할 테니까요. 그러나 모래 씨가 원한 대로 헤어진 남친이 자기보다 못한 새 여친을 사귀었어도 그 여성과 알콩달콩한 모습을 본다면 그건 그것대로 기분이 안 좋을 겁니다. 결론은 SNS를 들여다보는 건 어떤 경우에도 나에게 하등의 도움이 안 된다는 것입니다. 항생제와 진통제를 먹어가며 상처를 치유해도 시원찮을 판국에 또 다른 병균을 바르고 고름이 생기기를 기원하는 행위입니다.

그래도 그가 궁금하고 보고 싶어 미치겠다는 분이 계시면 제가 그의 SNS를 훔쳐봐도 괜찮을 타이밍을 정해드리겠습니다. 지금 헤어져서 마음이 힘든 때는 이를 악물고 꾹 참았다가요. 나에게 근사한 새로운 연인이 생겼을 때, 또는 그에 대한 마음이 정리되어 혹 그가 다시 사귀자는 소리를 하더라도 흔들리지 않고 마이웨이를 외칠 수 있을 때, 내가 일에서 승승장구해서 인정을 받아 더 이상 그와의 연애가 내 인생의 전부가 아님을 알았을 때, 그의 SNS를 보실 것을 권해드립니다. 그때 다시 보는 나의 전 남친은 내가 생각했던 만큼 그리 잘생기지 않았으며 그리 성격이 좋지도 않고 나랑 잘 맞지도 않았으며 그리 출중한 사람이 아니라는 것을 객관적으로 보게 될 겁니다. 그리고 나는 이제 그와의 연애를 과거로 보내게 될 겁니다. 그가 누구랑 사귀든 말든 관심이 없어지며 말입니다.

뒤늦게 나의
진정한 사랑을
깨달았을 때

많은 경우, 연인의 결별은 한쪽에게 제3의 상대가 나타나면서 이루어
집니다. 그 상대와 아직 사귀진 않더라도 앞으로 그렇게 될 가능성은
농후합니다. 동시에 내 옆의 연인에게는 점차 소홀하게 되지요. 이러
한 심정적 양다리 관계는 드러나지 않고 은밀하게, 사람에 따라 몇 달
까지 지속되기도 합니다.

왜 만나는 사람에게 이별을 고하고 새로운 사람과 정식으로 사귀
지 않는지 궁금하실 겁니다. 먼저, 보통은 사귀는 동안에도 분명 지금
의 연인과 본인이 잘 안 맞는 부분이 있는 건 알고 있습니다. 그러나
그보다 나은 선택지가 딱히 없기 때문에 관계를 유지한 것이었지요.

원래 사람은 더 나은 선택이 있어야만 현재 가진 것을 손쉽게 놓을 수 있습니다. 많은 사람들은 더 나은 선택지가 없이 가진 걸 놓게 되면 그 이후의 삶이 더 나을지 어떨지 장담할 수 없기 때문에 다소 불만이 있더라도 현재 그런대로 나쁘지 않은 삶을 끌고 나갑니다.

그러다가 새로운 상대에게 빠져들면 현재의 연인에게 이별을 고할 '명분'이 생기는 타이밍을 기다리게 되지요. 사실 인간은 연애관계뿐 아니라 모든 일에 명분을 찾습니다. 아무런 명분 없이 행동하는 악역이 되기 싫어서 열심히 이유를 만들어내는 존재이기 때문입니다. 어느 밤에 하루라도 연락이 안 됐다거나 다소 과한 혼수 요구를 했다는 등 상대 쪽에서 어떤 이유라도 만들어주길 무의식중으로 바라게 됩니다. 만일 그 명분이 없다면 '너와 나는 잘 맞지 않는 것 같다', '너의 삶에 내가 같이하기 어렵다' 식의 애매모호한 이유로 이별을 통보할 것이고요.

제 외래에는 이런 갑작스러운 연인의 이별통보에 어리둥절한 사람들이 많이 옵니다. 이해가 가지 않아 괴로워하다 열에 아홉은 나중에 사실을 알게 됩니다. 다른 사람이 생겨 애매한 삼각관계를 거쳤고 그 결과 본인만 남겨졌단 것을요.

그나마 그분들에게 전하는 위로는 아직까지는 마음만 엮인 상태이니 얼마나 다행이냐는 겁니다. 결혼을 하게 되면 아파트 명의와 대출금, 같이 모은 돈과 양가 어른들과 세월을 쌓으며 알게 된 공통 지인들을 모두 정리해야 하는 힘든 상황이 되기 때문입니다. 뭐, 여기까지도 할 수 있다 치더라도 자식이라도 있는 경우라면 점점 더 힘들어지고 꼬이게 됩니다. 그 상황까지 가지 않았으니 얼마나 다행인지 말입니다. 자신을 보호하기 위한 합리화라도 시도하라는, 위로가 안 되는 위로이지요. 물론 지금부터라도 너 자신을 잘 챙기고 스스로를 다독이며 사랑하라는 구태의연한 멘트도 곁들입니다.

혹시 내가 나의 진짜 인연을 찾은 사람이라서 현재 연인에 대해 고민하고 있는 사람이라면, 하루라도 빨리 나의 심정을 고백하고 새로운 인연과 훨훨 날아가는 것이 현재의 사랑에 대한 예의라는 것을 기억해주시기 바랍니다. 힘든 상황에 대한 회피가 시간이 갈수록 나의 옆사람을 힘들게 한다는 점도 아셔야 합니다. 내가 나의 사랑과 함께 행복할 시간에 나의 전 연인은 힘든 시간이 시작되었다는 것도 아셔야 합니다.

혹 새로운 연인이 내 생각만큼 대단한 사람이 아니었고 내 눈이 삐어서 선택을 잘못했던 것이라 전 연인에게 다시 돌아가겠다는 말도 안 되는 생각은 아예 안 하는 것이 그에 대한 마지막 예의라는 것도 아셔야 합니다. 지금부터 내가 한 선택과 결과에 대한 책임 또한 나의 오롯한 몫이기 때문입니다.

물론 새로 만난 사람과의 인연이 진정한 사랑이고 인연일 수 있습니다. 인간은 어쩔 수 없는 약함을 지닌 존재이기에 세상사라고 하는 알 수 없는 우연과 필연의 농간에 휘말릴 수 있기 때문입니다. 아닌 인연들은 각자 갈 길을 가는 것이 낫습니다. 그러나 이별의 과정에서 예의는 지켜달라는 겁니다. 먼 훗날, 전 연인과 내가 서로를 생각했을 때 우리가 인연이 아니었음을 납득하며 그래도 한때 뜨겁게 사랑했던 사이라는 기억으로 남자는 말입니다. 그 몫은 이별을 먼저 생각하고 있는 나에게 전적으로 달려 있습니다. **성숙한 사랑 못지않게 우리에게는 성숙한 이별을 해야 할 의무가 있습니다.**

잠수이별을 당한
당신은
잘못이 없다

잠수이별을 당하고 힘들어한 이 땅의 모든 연인들에게 하나의 위로를 드리고 싶습니다.

잠수이별을 당한 내가 잘못된 사람, 부족한 사람이 아니고 잠수이별을 행한 그가 무책임하고 미성숙한 사람이라는 것을 아셨으면 합니다. 살면서 부동산 계약이 됐든 하다못해 정수기 약정 계약이 됐든 이런저런 계약을 깨려면 위약금도 물고 당사자에게 사과도 하는 절차를 거쳐야 합니다. 인간 사회의 기본 룰인 거지요. 그런데 서로 연애를 하는 사이에서 암묵적으로 생겨난 감정의 계약 중에, 그는 갑자기 연락을 끊어버리거나 문자 한 통 보내는 등의 회피하는 방식으로 일을 풀어나갔습니다. 이는 서로의 계약을 일방적으로 파기한 것이고 인간에 대한 기본 예의를 잊은 무례한 행위입니다.

우리는 만나는 연인에 따라 다채로운 연애와 이별을 합니다. 그러면서 속상해하기도 하고 힘들어하기도 하지만 다시 굳건히 일어나 또 다른 사랑을 하면서 삶을 살아내고 있습니다. 그런데 이 모든 연애 중에서 연애 과정 중의 좋았던 일, 행복했던 일 혹은 헤어지는 과정 중에 속상했던 일, 힘들었던 일 등이 깡그리 무시되는 경우가 있습니다. 바로 잠수이별의 형태로 이별을 통보받는 경우입니다.

심리학자 대니얼 카너먼^{Daniel Kahneman}은 유쾌하거나 불쾌한 경험의 빈도나 지속 기간은 중요치 않고, 가장 강렬한 감정을 느낀 경험(절정)과 실험의 마지막에 느낀 경험(대미)이 전체에 대한 행복도에 강력한 영향을 미친다는 '절정-대미 이론^{peak-end theory}'를 말했습니다.

즉, 인간의 기억은 모든 과거 경험에 대한 정확한 평균적 반영이 아니라 절정과 대미를 중심으로 구성된다는 것입니다. 잠수이별에 적용하면, 연애가 얼마나 오래됐으며 얼마나 좋았는가는 상관없이 마지막 경험인 잠수이별의 힘든 경험(대미)과 그 잠수이별에 따른 힘들고 속상한 강렬한 감정(절정)이 나의 기억에 두고두고 남게 되며, 이번 연애와 그 사람에 대한 부정적 이미지가 뇌리에 박히게 된다는 겁니다.

잠수이별은 당하는 사람의 정신을 해치고 오만가지 상상을 하게 만들며 그 기간의 삶을 피폐하게 만듭니다. 심정으로는 나를 더 이상 안 좋아하는 것은 알지만 그래도 예의상 나에게 어떤 말은 해줘야 하는 것이 아닌가 하는 생각이 내내 머리를 맴돕니다. 그래서 곱씹고 곱씹어도 이해는 잘 안 됩니다. 스스로 이해 안 되는 과거가 있으면 인간은 그 과거를 오롯하게 뒤로 보내고 앞으로 나아가지 못합니다. 예를 들어 많은 왕따 피해자들이 왜 내가 왕따를 당해야 했는지 이해가 안 되고 억울하기 때문에 과거를 곱씹으며 과거 속에서 살게 되는 경우와 마찬가지입니다.

연인과 헤어진 후 우리에겐 그리움과 후회와 안타까움, 죄책감과 미안함 등 여러 감정이 드는데 잠수이별을 당한 사람의 입장에서는 특별하게 분노라는 감정을 더 경험하게 됩니다. 나의 잘잘못과 매력 없음을 곱씹는 평범한 실연의 단계를 거치고 자존감이 바닥을 치며 우울함과 속상함이 지나간 뒤 '내가 당한 것이 잠수이별이구나'를 인지하는 순간에 맹렬한 분노가 올라오는 거지요. 인간의 여러 감정 중에서 유일하게 발산^{outgoing}되는 정서가 바로 '분노'인데, 이 분노까지 지나야 나름대로 상황을 받아들이게 됩니다. 그가 나쁜 놈이고 나는 부족하거나 잘못된 사람이 아니었으며 내가 그를 만난 건 운이 나빴던 일이고 그와 함께한 연애는 내 인생에서 지우고 싶은 시간이라고 이해하는 순간, 그와의 연애는 과거로 보내지며 나는 앞으로 나아갈 힘을 가질 수 있습니다.

제 직업이 정신과 의사이다 보니 잠수이별 가해자의 심리도 이해해야 하는 거 아니냐는 사람들이 있습니다. 이해해보겠습니다. 첫째, '상황적으로 힘들어서 제대로 된 이별 절차를 밟을 정신이 없었다.' 설령 사업 실패로 빚쟁이들에게 쫓기는 상황이었다 한들 진실된 전화 한 통이 어렵진 않을 겁니다. 둘째, '내가 어릴 적 회피성 애착이 형성되어 인간관계에서 힘든 것은 일단 피하고 보는 스타일이다.' 아니, 회피성 인격 그대로 살려면 왜 연애를 하신 겁니까? 그건 달면 삼키고 쓰면 뱉는 것과 같습니다. 우리에겐 성인이 되는 순간부터 책임져야 하는 여러 영역이 생깁니다. 물론 관계에서의 책임도 생깁니다. 책임을 의무라는 말로 바꾸어 보겠습니다. 연인끼리의 사귐에서 얻는 감정적인 만족감이나 행복이 권리라면 사람 사이에서 기본적으로 지켜야 할 룰은 의무가 됩니다. 모든 삶의 영역에서 권리와 의무는 짝꿍으로 같이 갑니다. 잠수이별은 권리만 누리고 의무는 안 하겠다는 이기적인 태도입니다. 셋째, '헤어지는 압박감이 너무 힘들었다.' 그 상황이 그리 힘들었다면 시일이 좀 지난 후 진심으로 미안하다 사과라도 했다면 얼마나 좋았을까 싶습니다. 이미 마음이 떠난 연인에 대해 그조차 귀찮고 번거롭고 부담스러운 과정으로 느껴 하고 싶지 않았던 게 아닌가요.

얼마나 다행입니까? 이런 사람과 여기서 인연이 마무리되니 말입니다.

축하드립니다. 그 사람과의 결별을. 잊으십시오. 그 사람이 행한 잠수이별의 비겁함을. 명심하십시오. 당신은 열심히 사랑을 한 것밖에 아무 잘못이 없음을 말입니다.

상처 없는 이별도,
회복할 수 없는 이별도
없다

인간은 같은 경험을 통해 무언가에 익숙해지면 더 이상 힘들지 않게 비슷한 상황을 툭 치고 지나갈 수 있게 됩니다. 예를 들어 처음 일을 할 때는 고객의 작은 컴플레인에도 당황하지만 어느 정도 경험이 쌓이면 능수능란히 응대하게 되는 것처럼요. 그런데 이상하게도 사랑과 이별 문제에서는 영 적응이 되지 않습니다. 어쩌면 다행일 수 있습니다. 사랑의 끝인 이별에 적응되고 시큰둥해지며 더 이상 아프지 않다는 것은 사랑의 시작인 연애에도 역시 시큰둥해진다는 거니까요.

사랑할 때마다 그 대상이 다른 만큼 연애의 색깔도 다르며 이별의 방식도 다 다른데 한 가지는 동일합니다. 매 이별마다 나는 상처를 받고 아파하며 힘들어한다는 사실입니다.

기형도 시인은 〈빈집〉이라는 시에서 이별의 고통을 시력을 잃는 아픔에 비유합니다. 더듬거리며 빈집에 가엾은 사랑을 가두고 그곳에서 떠나는 것으로 사랑의 마지막을 얘기합니다. 이처럼 우리는 한 사랑이 끝나고 나면 더 이상 이전의 내가 아닌 느낌을 받습니다. 비포와 애프터의 나로 나뉘는 느낌이지요. 내 인생의 시간과 감정을 나누었던 추억의 한 귀퉁이가 싹둑 베어진 느낌에 마음이 시리고 공허함에 어쩔 줄 몰라합니다.

실연을 하게 되면 여러 가지 복잡한 감정의 단계를 거칩니다. 미국의 정신과 의사이자 죽음과 임종에 대한 세계적 권위자 엘리자베스 퀴블러 로스^{Elisabeth Kübler-Ross}는 자신의 죽음을 받아들이는 유명한 '애도의 5단계^{five stages of grief}'를 말했는데 이는 이별을 겪고 있는 우리에게도 그대로 적용됩니다. 그만큼 연인과의 이별은 과거의 나의 죽음과 같은 의미로 다가오기 때문입니다.

1단계 부정^{denial}

"설마 진심으로 헤어지자고 했겠어? 아닐 거야.

무슨 사정이 있을 거야" 하며 이별을 현실로 받아들이지 못합니다.

2단계 분노^{anger}

"나를 영원히 사랑한다고 했는데 어떻게 그럴 수가 있어?"

"내가 얼마나 잘해주었는데 나 말고 다른 사람을 사랑할 수 있어?"라며 연인에 대해 분노합니다.

3단계 타협 ^{bargaining}
"내가 노력할 테니 나에게 돌아와줘."
이별을 인지하는 단계이지만 노력하면 연인의 마음을 돌릴 수
있을 거라 생각합니다.

4단계 우울 ^{depression}
결국 아무리 노력해도 상대의 마음은 바뀌지 않으며 사랑이
끝났다는 것을 알게 되고 깊은 상실감과 슬픔에 빠지게 됩니다.
홀로 집에 틀어박히거나 술을 마시면서 괴로움을 달래기도 합니다.

5단계 수용 ^{acceptance}
"그 사람과 나의 인연은 여기까지구나" 하면서 결국 이별을
받아들이게 됩니다.

이렇게 애도의 5단계가 나뉘어 있기는 하지만 이별을 겪어내는
형태는 제각각입니다. 어떤 이는 애인이 떠난 것을 부정합니다. 또는
분노의 단계에 매여 있기도 합니다. 뉴스에 오르내리는 극단적인 치
정 사건 범죄들은 바로 이 단계에서 일어납니다. 누군가는 분노와 타
협의 단계를 왔다 갔다 하기도 합니다. 또 누군가는 의외로 빨리 수용
의 단계에 다다르기도 합니다. 그렇게 수용의 단계에 이르렀다가도
또 어느 상황에서 다시 앞 단계의 어디쯤을 헤매면서 애도의 과정을
겪기도 합니다.

실연이 죽음과 유사한 점이 있는 이유는 실연을 당하면 자존감에 큰 손상을 입기 때문입니다. 우리는 그동안 연인을 통해 나 자신에 대한 긍정적인 피드백을 받아왔습니다. 나는 매력적인 존재이고 사랑받을 만한 존재라는 것을 애인이 끊임없이 상기시켜 주었거든요. 반대로 실연은 자기 자신에 대한 부정적인 피드백을 받게 되는 큰 사건입니다.

그러면 아픔을 벗어나기 위해서는 어떻게 해야 할까요? 실연으로 인한 감정을 충분히 겪어야 합니다. 상대방에 대한 분노와 슬픔을 충분히 표현해야 합니다. 우리는 그래서 친구를 만나 과거 연인에 대한 이야기를 하고 또 하면서 내 감정을 풀어놓습니다. 충분히 아파하고 몸부림치는 시간이 있어야 결국에는 나에게 일어난 일을 받아들이게 됩니다. 그리고 이런 고통의 시간이 있은 후에 나 자신의 모습을 돌아보게 됩니다. 그러면서 실연의 아픔을 벗어나면 우리는 자신의 성장을 느끼게 됩니다. 다른 사람의 실연의 아픔에도 깊은 공감을 보낼 수 있게 됩니다.

이처럼 우리는 실연을 통해 나를 성숙시키고 삶을 더 폭넓게 확장시키며 타인에 대한 공감을 키우게 됩니다. 다만 작은 소원이 있다면 내가 견딜 수 있을 정도의 아픔이기를 바랍니다. 또 그 이별이 너무나도 쓰라려 타인과 세상에 대한 불신의 싹이 될 정도는 아니었으면 합니다.

혼자인 밤이 유독 깊은 건
그리도 깊이 사랑했기 때문이다.
애썼다, 참 애썼다.

The reason that this night is so deep is
because you loved so deeply.

이별 후 재결합에 관한 생각

주변의 연인들 중 습관처럼 헤어짐과 만남을 반복하는 커플들이 있습니다. 하소연하는 이야기를 가만히 들여다보면 거의 매번 같은 이유로 이별 통보를 합니다. 자주 연락이 안 되고 친구들과 새벽까지 술자리를 한다든가 습관처럼 내가 아닌 다른 사람과 바람을 피운다든가 나를 생각만큼 배려 안 한다든가 각자의 이유는 다양합니다. 뭔가 이유가 있어서 헤어진 커플은 후에 똑같은 이유로 다시 이별을 고민하게 됩니다. 인간은 그리 쉽게 변하는 존재가 아니기 때문입니다. 그도 마찬가지이지만 나도 마찬가지입니다.

　사람에게는 지문처럼 고유한 행동 패턴이라는 것이 존재합니다. 내가 좋아하는 음식도 패턴이 있고 스트레스를 받았을 때 행동하는 패턴도 있습니다. 어떤 상황을 보고 해석하는 패턴이나 크게는 가치관에도 패턴이 있지요. 이를 심리학 용어로 '자동적 사고 automatic thoughts'라고 합니다.

자동적 사고는 그 사람을 이루는 고유한 개성으로 표현됩니다. 그런데 우리가 누군가를 좋아하면 일시적으로 이 패턴을 깨면서 노력이라는 것을 하게 될 때도 있습니다. 상대방이 클래식 음악 애호가라면 좋아하지도 않는 클래식 음악을 찾아서 들어본다든가, 뼛속까지 집순이인 사람이 여행을 좋아하는 남친에게 맞추기 위해 가을에 연인에게 권하는 서해안 추천 코스 베스트 5 등을 검색해보기도 합니다. 도대체 왜 백화점 쇼핑을 몇 시간씩 도는지 이해는 잘 안 되지만 열심히 쇼핑백을 들고 따라다녀주기도 합니다.

실은 여기에 위대한 사랑의 힘이 있습니다. 나의 패턴을 깨면서 상대의 패턴에 맞추어주기 때문입니다. 위대하고 경이로운 일입니다. 육식 동물이 풀을 뜯게 만들고 초식 동물이 고기를 뜯게 만들기 때문입니다.

그런데 결국 인간은 제 살던 대로, 즉 자기의 패턴대로 살기 마련입니다. 인터넷 사이트의 고민들 중 많은 부분을 차지하는 고민이 이 때문입니다. '제 남친이 변했어요' 혹은 '결혼하고 나니 와이프가 변했어요'라며 상대방이 원래의 패턴을 찾아가는 과정에 갸우뚱하면서 사람이 변했네, 사랑이 식었네 고민하게 됩니다.

정답을 말씀드리겠습니다. 이건 상대방이 변한 것이 아니고 원래 자신의 모습으로 돌아간 겁니다. 초기의 허니문 단계를 지나 더 이상 본인의 패턴을 깨면서까지 상대방의 패턴에 맞출 필요를 못 느끼거나 노력이 이제 버거워진 거지요. 지금의 모습이야말로 다가올 미래에 내가 오래도록 접할 상대의 모습입니다.

이런 과정을 이해하지 못하는 커플은 갈등을 겪다가 헤어지기도 합니다. 그러다 어느 한쪽에서 사과를 하고 마음이 풀어져 다시 만나기도 합니다. 그러나 역시 같은 이유로 싸웁니다. 또 헤어지고, 풀어지는 패턴이 반복되고 나면 이제 주변 사람들의 반응도 무뎌집니다. 쟤네 또 시작이네, 저러다 말겠지 하며 그들을 바라보게 됩니다.

우리가 이별을 할 때 심사숙고를 해야 하는 건 맞습니다. 그러나 이별한 후에는 뒤를 돌아보지 말아야 하는 것도 맞습니다. 내가 그와 한 번의 이별을 겪었다는 것은 둘 사이에 삐걱대는 부분이 있다는 얘기이고 앞으로도 우리는 그 문제로 삐걱댈 것이기 때문입니다. 너무 좋아하는데 어떤 한 가지가 문제라는 말도 소용이 없습니다. 그 한 가지가 서로를 힘들게 하기 때문입니다.

그리고 그 한 가지는 의외로 큰 문제가 아닌 작은 문제일 수도 있습니다. 정리정돈 습관이나 청소상태가 어느 연예인 커플의 이별사유라고 들은 적이 있습니다. 의외로 인간은 큰 문제에 대해서는 이성을 발동시키며 차분히 해결방안을 찾은 경우가 많습니다. 배우자가 암에 걸렸을 경우 마지막 임종까지 지키며 감당하는 사람이 많은 것처럼요. 그런데 의외로 작은 문제는 이성이 아닌 감정을 발동시키며 빈정을 상하게 만들면서 상대방에 대한 혐오나 미움의 감정을 일으키곤 합니다. 그런데 우리는 작은 문제에 대해 착각을 합니다. 상대방이 고칠 수 있을 거라든가 내가 참을 수 있을 거라면서요.

그리스 신화에 나오는 연인 오르페우스와 에우리디케 이야기를 아시나요? 에우리디케가 나들이를 갔다가 풀 속의 뱀에게 물려 죽고 말았습니다. 비탄에 빠진 오르페우스는 저승의 신 하데스를 찾아가 구슬픈 노래를 불렀고 냉정한 하데스도 마음이 흔들려 연인을 되살려달라는 오르페우스의 청을 들어주었습니다. 다만 한 가지 조건을 내걸었습니다. 저승을 빠져나갈 때까지 절대로 뒤를 돌아봐서는 안 된다는 것이었습니다. 오르페우스는 기쁜 마음에 에우리디케를 데리고 지하세계를 빠져나가기 시작했고 마침내 동굴 입구에 거의 다다랐을 때 그녀를 보고 싶다는 충동에 뒤를 돌아보고 말았습니다. 그 순간 에우리디케는 지하세계로 빨려 들어가 더 이상 그녀를 데리고 나올 수 없었습니다.

이 신화가 우리에게 주는 교훈은 겉으로는 에우리디케를 향한 오르페우스의 극진한 사랑입니다. 그러나 속을 들여다보면 죽은 아내를 못 잊어 저승세계까지 찾아가 다시 살려내려고 했으나 결국은 실패한 오르페우스의 얘기입니다. 이처럼 과거는 돌이켜질 수 있는 것이 아닙니다. 그와 나의 사랑이 끝나면 과거로 잘 흘려보내야 하는 것이지요. 이루지 못한 사랑에 미련이 남아 관계를 다시 시작하는 것은 지나간 힘든 과거에 다시 한 번 스스로 발을 내딛는 것입니다. 도돌이표의 과정으로 뛰어드는 것이지요. 정해진 결론을 맺게 된다는 것을 어렴풋이 알면서도 말입니다. 사랑이 끝나면 지나간 사랑에 대해서는 미련을 두지 마십시오. 그와 나는 여기까지가 인연이기 때문입니다.

"내게
이런 사랑이
또 올까요?"

"제가 다시 이런 사랑을 할 수 있을까요?"

얼마 전에 외래에 왔던 하늘 양이 제게 물었습니다. 너무나 사랑했고 일말의 계산 없이 온 마음을 바쳤던 사랑이 깨졌다면서요. 하늘 양의 질문에 산뜻하게 저는 대답합니다. "아니요, 다시 이번 같은 사랑은 못 하실 겁니다. 그런데 다른 사람과 다른 사랑을 하실 거예요"라고요.

우리가 사랑을 할 때 '사랑의 긍정적 환상positive romantic illusion'을 상대방에게 덧씌우게 된다는 말씀을 드렸지요. 쉽게 말해서 연인을 실제 모습보다 좋게 보게 된다는 의미입니다. 누가 뭐래도 내 남편이, 내 여자친구가 최고라고 생각하게 되지요.

이런 긍정적 환상은 꼭 상대에 대해서만 아니라 내가 하는 사랑에 대해서도 씌워집니다. 특히 감정적으로 상대방에게 몰입할 때 그 환상은 더욱 커집니다. 이 사랑은 세기의 위대한 사랑이며 누구와도 다시는 이런 사랑을 하지 못할 것이라는 생각입니다.

이 환상은 상대방과는 별 상관없이 나 스스로 빠진 환상입니다. 안 될 것 없지요. 오히려 내 삶에 활기를 불어넣어 주고, 내가 투사라도 된 듯한 대단한 기분을 느끼게 해줍니다. 사랑과 상대방에 대한 환상을 무럭무럭 키워내며 그 기간 동안 우리는 행복하고 기쁩니다.

문제는 이 사랑이 깨졌을 때도 우리는 그 환상에 빠져 있다는 점입니다. 왜냐하면 내 위대한 사랑의 서사를 부정하는 건 나 자신에 대한 부정과도 같거든요. 인생에 다시 없을 사랑이 깨어진 비참한 주인공이라는 최면에 계속 걸려 있어야만 내가 한 사랑에 대한 정당성이 부여되기 때문입니다.

그래서 이 환상을 깨고 현실을 바라보기란 무척 아픈 일입니다. 현실은 내가 한 사랑이 영원한 사랑이 아니며 내가 사랑한 연인이 그리 괜찮은 사람이 아니라는 것입니다. 내가 사랑한 만큼 그는 나를 사랑하지 않았다는 것입니다. 궁극적으로 그와 내가 영혼의 반려 아닌 추억 정도로 남는 연인 관계였다는 것을 인정해야 하니 힘든 게 당연하지요.

그러나 신기하게도 말입니다. 그리 아프고 힘들었는데도 사랑은 우리에게 다시 찾아옵니다. 어쩌면 우리는 처음과 같은 환상에 덜 빠질 수도 있습니다. 상대방에게 더 몰입하지 않을 수도 있습니다. 세속적인 잣대 속에서 상대방의 조건을 저울질할 수도 있습니다. 그래서 우리는 새로 찾아온 사람이 진짜 사랑이 아니라고 생각할 수도 있습니다. 그러나 새로 찾아온 그 사랑은 다른 색깔로 나를 성장시키는 진정한 사랑일 수 있습니다.

예전에는 나를 소홀히 하고 모든 걸 상대방 위주로 판단했다면, 새로운 연애는 나의 인간적인 혹은 직업적인 성장을 응원해주는 성숙한 사랑일 수도 있습니다. 온전한 상대에의 몰입을 사랑이라 생각했던 시절을 지나 너와 나의 교집합이 때로는 작을지라도 각자의 영역에서 서로를 응원하는 사랑이 있음을 알게 될 수도 있습니다. 상대방이 자기 스스로에게 몰입하는 모습도 멋지단 걸 깨달을 수 있고 말입니다.

우리는 성장해가고, 그 성장 안에서 사랑의 관계도 함께 성장합니다. 똑같은 모습의 사랑과 관계가 지속된다면 그건 내가 그만큼 크지 못하고 있다는 뜻이기도 합니다. 제가 앞에서 하늘 양에게 드렸던 다른 사람과 다른 사랑을 할 거라는 답변, 수긍되시는지요? 조금 더 추가합니다. 매번 다가오는 당신의 사랑은 다른 의미로서 그때마다 진정한 사랑이라는 것을요.

그렇게 마음 아프고도
다시 사랑을
향하는 이유

사이버 서사·드라마 연구자인 자넷 머리^{Janet Murray}에 따르면 오랜 역사 동안 인간에게는 일상생활에서 벗어나 흥미로운 이야기 속으로 들어가고 싶은 욕망이 존재해왔습니다. 많은 미술품이나 음악 혹은 영화나 소설 등에서 그리는 사랑 이야기에 우리는 매번 열광합니다. 과도하게 감정 이입이 되어 새드엔딩의 멜로드라마라도 보는 날엔 한동안 일이 손에 안 잡히기도 하죠. 왜 두 사람은 헤어질 수밖에 없었을까 싶고 다른 이들의 뛰어난 통찰이 담긴 리뷰를 보며 '저게 저렇게 깊은 뜻이었어?'라며 감탄도 합니다.

　그래서 우리는 '호모 드라마쿠스'이기도 합니다. 현실에 환상이 섞어 있고, 남의 인생을 들여다보며 간접체험을 하는 것만으로도 참 행복해합니다.

그런데 다른 삶을 엿보며 열광하는 것 말고 우리가 실제로 적극적으로 참여해서 나만의 드라마를 찍어나갈 때도 있습니다. 바로 연애를 통해서입니다. 연애를 해본 사람들은 잘 압니다. 무언가에 빠져 주위를 잊어버리고 한 사람에게 몰두하게 됩니다. 사랑하는 사람과 같이 있을 때 시간이 훅 지나가는 시간왜곡이 일어나기도 합니다. 또한 주위의 모든 잡념과 방해물들이 차단되고 한 사람에게만 주의를 집중하기도 합니다. 이를 우리는 '몰입flow'이라고 합니다.

몰입은 긍정심리학으로 유명한 미하이 칙센트미하이Mihaly Csikszentmihalyi의 유명한 이론입니다. 그는 음악가, 미술가, 스포츠 선수가 작업을 하거나 연습을 할 때 몰입 상태에 빠지는 것을 발견하고 이를 학문적으로 연구한 심리학자입니다.

"몰입은 의식이 경험으로 꽉 차 있는 상태이다. 이때 각각의 경험은 서로 조화를 이룬다. 느끼는 것, 바라는 것, 생각하는 것이 하나로 어우러지는 것이다"라고 그는 말합니다. 이 상태에 빠지면 평소와는 다른 독특한 심리적 특성이 나타납니다. 현재 과업에 대한 강렬한 주의 집중이 일어나고, 그 과업에 주의력의 용량이 완전하게 투여되기 때문에 이외의 활동에 대한 인식이 현저하게 약화됩니다. 그리고 이러한 주의 집중은 애써 노력하여 일어나는 것이 아니라 흥미와 즐거움으로 인해 자발적으로 일어납니다.

몰입을 잘하는 사람의 성격 특성도 있습니다. 적극적이고 열정적이며 자율적이고 독립적입니다. 타인의 시선과 평가, 결과에 집착하지 않습니다. 몰입의 과정 자체를 즐깁니다. 유명한 예술가들이나 스포츠 스타들의 모습을 보면 하기 싫은 일을 돈이나 명성을 위해 꾸역꾸역한 사람은 거의 없지요.

중요한 것은 이 몰입 경험이 우리가 삶에 열중하고 주도적으로 살도록 하며 내 자신이 가치 있는 존재라고 느끼게 한다는 점입니다. 내 인생이 의미 있고 풍요로우며 강렬하다는 느낌으로 충만하게 되지요.

몰입은 쉽게 말해 나와 다른 세상이 연결되는 경험입니다. 피아니스트가 어느 작곡가의 곡을 연주할 때 어느 순간 고개를 뒤로 젖히며 몰입하는 모습을 봅니다. 또는 가수들이 노래를 할 때 감정에 취해 눈을 감기도 합니다. 피아니스트나 가수가 작곡가의 곡에 담긴 위대한 예술적 의미와 가치에 연결되는 바로 그 순간이지요. 우리도 어떤 노래를 들을 때 가사의 감정을 내 감정으로 가지고 와 마치 내가 노래 속의 화자인 양 취할 때가 있습니다.

인간의 모든 행위에서 이 몰입의 경험은 가능합니다. 아름다운 예술 작품을 감상할 때, 내가 좋아하는 취미활동을 할 때, 혹은 연예인의 팬 활동을 할 때도 우리는 이 몰입의 경험을 합니다. 몰입은 내가 그 무엇(그림이든, 음악이든, 문학이든)과 그 순간만큼은 같은 위치에서 동급으로 소통하고 있는 것입니다. 세상의 모든 근심 걱정도 잊어버리며 돈이 어마어마하게 많은 재벌2세도 뛰어난 미모를 가진 셀

럽도 부럽지 않으니, 그야말로 우리 삶에서 손꼽을 수 있는 행복하고 의미 있는 순간이 아니겠습니까.

　우리가 그렇게 마음이 아프고도 다시 사랑을 하면 좋을 충분한 이유가 바로 이 위대한 몰입을 인간에 대해 할 수 있다는 점에 있습니다. 아픔과 슬픔 때문에 누군가와 사랑을 하지 않겠다 싶으면 이 행복도 느낄 수 없겠지요. **어쩌면 과거 다른 사람과의 힘든 결별은 지금 이 사람과의 행복을 위해 치러야 할 대가일 수도 있습니다. 그래서 우리는 사랑을 하며 상처받는 것을 두려워하지 않아야 합니다. 스스로 행복해지기 위해서 말입니다.**

아프고 힘들던 모든 걸음이
실은 더 행복해지기 위한 시간이었다.

Every painful step was actually a time to be happier.

헤어진 후
가장 멋진 사람으로
남는 법

이민기와 김민희가 주연한 2013년도 영화 〈연애의 온도〉를 재미있게 본 기억이 있습니다. 3년 동안 비밀리에 사내 연애를 하던 그들은 이별 후에 못난 모습을 보이게 됩니다. 사귈 때 서로 빌려줬던 물건을 망가뜨린 후 착불 택배로 보낸다거나 커플 요금을 해지하기 전에 인터넷 쇼핑으로 청구서 폭탄을 던집니다. 서로에게 새로운 연인이 생긴 것을 알고 SNS 탐색부터 미행까지 합니다. 영화를 보는 내내 어찌 인간이 저렇게까지 찌질할 수 있을까 감탄을 했었지요.

영화에서 묘사했듯 이별 과정은 그 어떤 커플도 아름답지는 않습니다. 서로가 서로에게 주었던 에너지를 걷어 들여야 하는 과정이므로 어렵고 힘이 듭니다. 내게서 상대의 에너지가 빠져나가는 것을 느끼며 공허함도 견뎌야 하고요. 여기서 말하는 에너지는 관심, 애정, 함께한 시간과 쌓은 추억, 습관적으로 하던 통화 등을 말합니다. 서로 주고받았던 에너지가 많을수록 이별은 힘들며 감정 정리가 쉽지 않습니다. 영화 속 주인공들도 서로 좋아 죽다가 헤어지고 잡아먹을 듯 물어뜯다가 술 마시고 보고 싶다며 진상도 부리다가 아직 서로의 마음이 남아 있음을 확인하고 다시 잘해보기로 했으면서도 이내 서로에게 조심스러워하고 눈치를 보게 되는, 지난한 마음의 정리 과정을 겪습니다.

우리에게도 헤어진 상대방의 SNS를 살핀 경험이 한 번쯤은 있습니다. 방에서 혼자 유튜브를 보다가 자동 추천으로 전에 열심히 듣던 사랑 노래가 나오면 미칠 듯이 전 남친이 보고 싶어지면서 이불을 뒤집어쓰고 엉엉 울기도 합니다. 술 취해 몇 달 만에 전화를 걸었다가 다음 날 술이 깨어 이불킥을 하고, 아직 남은 핸드폰 속 사진들을 하나씩 삭제하면서 의식을 치루듯이 나의 마음을 정리합니다.

이렇게 이별 과정에선 너나 할 것 없이 어느 정도는 못나집니다. 모든 과정은 순식간에 정리되지 않기에 우리는 시간을 두고 하나씩 하나씩 옛 연인의 그림자를 내 삶에서 거두어내게 되지요. 시간이 약이라는 구태의연한 진리가 여전히 의미 있는 이유입니다.

외래에 온 바다 양이 한 말이 생각납니다.

"첫 남친이 정말 좋은 사람이었어요. 항상 저에게 잘했고 자기 일도 열심이였어요. 저는 그게 당연하다고 생각을 했고 조금이라도 서운하게 하면 투정을 부렸어요. 그런 나를 힘들어하다가 남친이 제 손을 먼저 놓았어요. 그때서야 아차 싶더라고요. 많이 매달렸지만 남친은 매몰차게 떠났어요. 그 뒤로 연애를 많이 했어도 그 사람만큼 나를 사랑해주고 아끼는 사람은 없더라고요. 얼마 전 결혼한다는 얘기를 건너건너 전해 들었어요. 무슨 마음인지, 울컥하면서 이제 정말 끝이구나 싶어요. 그런데 그가 정말 행복하게 잘 살았으면 좋겠어요."

많은 것이 생략된 깔끔한 과거 연애사 정리였지만 아마도 그녀의 연애와 이별 과정도 찌질하고 지난하고 마음 아팠을 것입니다. 그러나 과거의 그 남친은 바다 양에게 멋진 사람으로 남았습니다. 이별 과정이 멋졌기 때문은 아닙니다. 그는 그녀에게 매몰찼고 너같이 이기적인 사람을 더 이상 사랑하지 않는다며 가슴 아프게 했습니다. 잘못했다며 매달리는 그녀에게 단 한 번의 기회도 주지 않았고요. 그러나 사귀는 동안 연인을 배려했고 연인에게 최선을 다한 남자였습니다. 그래서 바다 양은 그를 20대 초반에 아무 계산 없이 순수하게 가슴을 열고 열정적으로 사랑했던 근사한 연인의 모습으로 기억합니다.

나의 연인에게 헤어진 후에도 멋진 사람으로 남고 싶다면 사귀는 동안에 성심껏 최선을 다해 열심히 사랑하세요. 나의 연인을 이 세상에 다시 없을 귀한 보물로 여기면서 그 순간에 최선을 다하는 겁니다. 바다 양처럼 시간이 흘러 나를 세상에서 이만큼 사랑해준 사람은 없었구나, 정말 고마운 사람이었구나 하는 마음이 들 수 있도록 말입니다.

우리는 사랑을 하는 동안 내가 쓰는 멜로 드라마의 오롯한 주연입니다. 내가 각본을 쓰고 연출을 맡고 주연까지 맡습니다. 엔딩으로 맺는 헤어짐의 순간은 누구에게나 힘들며 찌질할 수 있습니다. 하루에도 몇 번씩 '그가 다시 돌아올 수도 있지 않을까? 다시 사귀면 어떨까?'라는 감정의 파도가 밀물과 썰물처럼 몇 번이고 오르내립니다.

그래서 내가 혹은 나의 연인이 감정 정리를 하는 기간 동안에 보이는 찌질함의 과정을 너그러이 기다려주면 어떨까 싶습니다. 또 내가 왜 이리 찌질한 사람인지 자책하지 않으셨으면 좋겠습니다. 감정 정리가 다 끝나는 어느 시점에서는 비록 나의 이번 멜로드라마는 새드 엔딩으로 끝나지만 오픈 엔딩으로 마무리가 지어집니다. 너와 나의 인연은 여기까지지만 너와 내가 한 사랑은 진짜였으며 그 사랑하는 기간 동안에는 아낌없이 사랑했고 행복했노라고. 혹 나중에 먼 미래에 만났을 때 둘만이 알아보는 잠깐 동안의 눈맞춤으로 무언의 인사를 하면서 스쳐 지나갈 수 있는 그런 사이로 남을 수 있게 말입니다. 서로가 고마웠고 미안했노라고 잘 살기를 바란다고 그런 마음속 인사를 가만히 읊조릴 수 있는 그런 사이 말입니다.

김민희의 대사가 여운에 남습니다.

"우리의 연애는 달콤하지도, 아름답지도, 이벤트로 가득 차 있지도 않았어요. 아무 특별할 것 없는 아주 보통의 연애였죠. 하지만, 우리는 둘 다 진심이었어요. 진짜 사랑을 했고 아마, 그건 내 인생에서는 다시 일어날 수 없는 가장 영화 같은 일일 거예요."

친구로 좋게
지내고 싶은 건
욕심인가요

네, 욕심입니다. 태평양 건너 할리우드에 사는 스타들이 쿨하게 헤어지고 전 애인과 친구처럼 지내며 서로의 SNS에 덕담을 남겼다는 식의 뉴스를 너무 많이 봤을지도 모릅니다. 그래서 우리에겐 그런 생각이 드나 봅니다. 좋게 헤어지고 친구로서 남을 수 있지 않을까라고요.

누군가와 연인 관계가 되었다는 건, 살면서 어린 시절에 엄마가 나에게 준 조건 없는 무한한 관심과 애정을 다시 한 번 체험하는 의미 깊은 역사를 만듭니다. '내가 점심에 반찬을 뭘 먹었는지? 이제 살짝 감기 기운이 있었는데 오늘은 괜찮은지? 회사에서 맡은 프로젝트 때문에 야근을 하면서 저녁은 제때 먹은 건지? 집에서 어떤 음악을 들으면서 쉬고 있었는지? 그 가수를 좋아하는 팬인지?' 어느 누구도 궁금해하지 않는데 나의 연인은 이런 사소한 것들조차 궁금해합니다. 우리 엄마도 다 큰 나에게는 하나도 궁금해하지 않는 것들을 말입니다. 와! 이건 정말 경이로운 경험입니다.

우리는 이렇듯 연인에게 무한 긍정의 메시지를 전달받게 됩니다. '나는 사랑받을 만한 존재야, 나는 매력적인 사람이야, 나는 썩 괜찮은 사람이야'라는 내용으로요. 이런 메시지를 받으면 나의 존재 가치의 상승이 일어나고 자존감이 올라갑니다. 연애를 할 때 우리가 행복해지는 이유가 여기에 있습니다.

그러나 연애가 깨지면, 특히 내 뜻이 아니라 상대방에 의해 일방적으로 실연을 당하면 자기 자신에 대한 긍정 메시지가 부정 메시지로 바뀌게 됩니다. '나는 사랑받을 만한 존재가 아니야, 나는 매력 없는 사람이야, 나는 못난 사람이야'라고 자존감의 손상이 옵니다. 연인이었던 둘이 협상 테이블에 앉은 듯 성숙하고 형식 있게 너의 조건과 나의 조건을 따지며 '우리는 서로 생각이 다르니 이번 안건에 대해서는 같이할 수 없다. 여기서 판을 깨자' 하는 경우는 별로 없습니다. 더 이상 사랑의 약발이 없다고 인정하는 오래된 연인들이 간혹 있기는 합니다. 시큰둥하게 연애를 하다가 술이라도 진탕 마시고 솔직하게 털어놓은 것이 계기가 되어 성숙하게 관계를 정리하는 경우가 있습니다. 그러나 대부분은 두 사람 마음의 깊이와 속도가 달라 한쪽이 이별을 고하고 한쪽이 이별을 통보받는 일방적인 방식이 대부분입니다. 그래서 이별을 통보받은 쪽은 상처를 받으며 자존감에 깊은 흠집이 나게 됩니다.

그래서 '좋은 이별'이란 것도 애초에 어렵지만, 무엇보다 이별 후 친구로 남는 것이 무슨 의미가 있을런지요? 이별을 통보받은 쪽에서 상대방이 돌아오기를 기다리면서 마음을 숨기고 친구인 척하는 경우를 보기는 했습니다. 그러나 한번 지나간 사람의 어떤 점이 아무리 좋았다고 처음에 느꼈던 이성적 매력이 되살아나는 건 아니므로 이는 되지 않을 일에 미련을 갖는 것입니다. 또 제가 본 연인 중에는 두 사람 사이의 사랑이 절절한데 집안 사정으로 헤어지는 이들도 있었지만 부모의 반대로 연애든 결혼이든 깨진다면 이 또한 인연이 아닌 것입니다. 사랑의 힘으로 조건이나 현실을 극복하지 못한 것이고 그걸 극복할 만한 의지는 서로 없었던 거지요. 더군다나 이런 경우에는 서로의 감정이 절절하게 남아있으니 만나서 친구로 지내는 것이 가능하지 않고요.

양손에 다 쥘 수 있는 떡은 없습니다. 소위 '여자/남자 사람 친구'로 남고 싶었으면 연애라는 것을 하지 않는 순수한 우정의 색깔을 처음부터 가져야 합니다. 혼자 하는 짝사랑이었다면 몰라도 연애를 통해서 연인이라는 이름으로 엮어진 순간부터는, 복잡미묘하게 만들어진 서로의 역사가 있고 그 역사가 깨지는 경험을 했기 때문에 우정으로 가기는 어렵습니다. 양보를 좀 해서 멋모르는 어린 시절에 황순원의 〈소나기〉와 같은 예쁘고 순수한 첫사랑이었다면 시간이 흘러 친구로 지내는 게 가능할 수도 있겠다 싶기는 합니다. 그러나 우리가 하는 연애는 감정도 섞이고 때로는 깊은 관계까지도 갔던, 나의 가장 은밀한 부분까지 보여준 그런 연애일 가능성이 높습니다. 이별 후에 친구로 남고 싶다는 욕심은 어린아이가 양손에 떡을 쥐고 둘 다 못 놓는 모양새입니다. 나한테 이별을 고한 상대방에게 아직 여지가 있어 보인다는 것도 혼자만의 상상일 수 있습니다. 그 속마음은 사랑이 식고 더 이상 예뻐 보이지 않아 이별을 고한 것에 가까울 테니까요.

사랑하고 싶지만
상처받기 싫어

'내 사랑은 영원할 거야.' 이는 아마도 사랑을 하고 있는 모든 연인들의 믿음일 겁니다. 때로는 운 좋게 이런 믿음이 평생을 갈 수도 있지만 때로는 이런 믿음이 깨어지는 것을 경험하게 됩니다. 사랑하는 연인에게서 실연을 당하거나 최악의 경우 그 과정에서 나 아닌 다른 사람과 양다리를 걸쳤다는 것을 알게 되기도 합니다. 이상하게도 더 이상 이 사람에게 예전과 같은 마음이 안 가 내 쪽에서 이별을 고하기도 합니다.

우리는 그래서 압니다. 내 사랑이 영원할 거라 생각하는 건 지금 너와 함께 있는 이 순간의 마음이라는 것을요. 어느 쪽이든 마음이 서서히 식어가는 것을 알게 되어 손을 놓아버리는 경우는 관계에 대한 공식적인 이별의 수순을 시작한 것입니다. 이 사랑은 과거가 되고 우리는 다시 새로운 사람을 만나 새로운 영원을 꿈꾸게 됩니다.

문제는 지나간 사랑이 과거가 되지 않을 경우입니다. 전 애인과의 관계를 곱씹고 곱씹는 경우가 때로는 있습니다. 특히나 헤어지는 과정에서 상처를 받았을 때 우리는 그 관계를 과거로 떠나보내지 못하며 툭하면 현재로 끌어와 스스로를 괴롭힙니다.

상처가 무엇일까요? 몸에 상처를 입으면 피가 나지요. 그곳이 덧나지 않게 소독하고 연고를 바릅니다. 새살이 돋아날 때까지 밴드를 붙여놓기도 합니다. 밴드를 뗀 이후로는 큰 후유증이 없는 한 상처를 입었다는 사실 자체를 잊고 살아갑니다. 문제는 몸이 아닌 마음에 상처를 입었을 때입니다. 이건 겉으로 눈에 띄지 않습니다. 그래서 잘 모르고 그냥 지나치게 됩니다. 그 후유증이 두고두고 나의 삶을 괴롭힐 때가 있습니다.

마음의 상처를 입었다는 것은, 눈에 보이지 않는 나의 '세계관'이 깨진 것을 말합니다. 연인 사이에 결별을 고하면 바로 앞에 얘기한 '나의 사랑은 영원할 것이다'라는 세계관이 깨진 거지요. 거기에 양다리를 걸친 연인의 배신을 알게 되면 '사랑은 식었지만 그 사람과 나는 한때 진실한 사랑을 했다'는 세계관이 깨진 겁니다. 거기에 연인이 자기 잘못에 대해 미안해하기는커녕 뻔뻔하게 '원래 내 이상형이 네가 아닌 건 너도 알고 나도 알잖아? 이번에 만난 새 사람이 내 이상형이라서 이별을 고한 건데 뭐가 어때서?'식의 적반하장으로 나오면 내가 알던 그 사람이 아닌 것 같다는 충격마저 듭니다. '그 사람은 나와는 연이 여기까지지만 그래도 인간적으로 나쁘지 않은 사람이었다'라는 세계관이 깨진 겁니다.

이별의 아픔이 크고 그 과정에서 상처를 많이 받을수록 타인과 나 자신에 관한 모든 세계관이 뒤틀어집니다. 세계관의 변화는 나의 미래까지 영향을 미쳐서 다음에 만날 연인과의 관계에도 영향을 줍니다. 처음에 가진 '나는 사랑받을 만한 사람이고, 나의 연인은 나를 진심으로 사랑하며, 우리의 사랑은 영원할 것이다'란 세계관은 '나는 그다지 사랑받을 만한 사람이 아니다, 세상은 나쁜 이성들로 가득하다, 앞으로 진실된 사랑을 하기는 힘들 것이다'라는 시니컬한 세계관으로 변합니다.

그런데 이 바뀐 세계관이 꼭 나쁜 건 아닙니다. 우리는 인생을 살아가면서 끊임없이 기존 세계관을 깨부수고 수정해나가며 새로운 세계관을 만들어냅니다. 이유는 나 자신을 보호하기 위해서입니다. 특히 연애 관계에서 세계관을 새로 만들지 못하면 상처받으면서도 끊임없이 나쁜 이성과의 만남을 지속합니다. 의미가 없는 것을 알면서도 일회성 만남을 거듭합니다.

이성과의 관계에서 성장하지 못하며 같은 패턴을 반복하는 사람들은 바로 세계관이 수정되지 못하거나 세계관 자체가 만들어지지 않고 있기 때문입니다.

지금 당장은 이별의 아픔과 상처로 인해 이성이라면 지긋지긋하다는 세계관이 만들어지는 게 당연합니다. 그러나 세상은 내 뜻대로 되지 않으며 그래서 알 수가 없습니다. 정말 후에 나를 진정으로 사랑해주는 진실한 인연을 만나면 이 세계관은 알아서 수정될 겁니다. '세상엔 그런대로 괜찮은 사람도 있구나', '이 사람이야말로 진정한 인연이구나', '마음껏 사랑을 주고받아도 되겠구나'로 말입니다.

문제는 세계관이 경직되는 경우입니다. 한번 받은 상처에 매여 다시는 사랑하지 않으리라는 굳은 결심을 하고 마음의 문을 꽁꽁 닫아거는 사람들이 여기에 해당합니다.

얼마나 상처가 크니 저럴까 싶은 안쓰러운 마음이 듭니다. 그러나 연인과의 관계뿐만 아니고 세상사에 경직된 세계관을 가지는 것은 살면서 세상에 대한 그 어떤 관용도 이해도 허락지 않는다는 말입니다. 나는 과거의 그 시절에 꽁꽁 매여 살 것이며 절대로 인간적인 성장을 하지 않겠다는 의미이기도 합니다. 혹시 나에게 과거의 상처받은 관계로 형성된, 시니컬하고 경직된 세계관이 있다면 조금만 더 말랑말랑해지면 어떨까요? 나는 과거의 내가 아니며 내가 앞으로 만날 사람 또한 과거의 그 사람이 아니니 말입니다.

사랑에 빠질 때 놓치기 쉬운
가장 중요한 것들

Terms

of

Love

사랑에
조건이 붙어도
될까?

결혼정보회사를 통해 사람을 소개받은 제 친구에게서, 만남이 열 번을 넘어가니 도대체 사람을 볼 때 뭘 봐야 할지 잘 모르겠다는 얘기를 들었습니다. 비단 결혼뿐 아니라 연애에서도 우리는 조건을 보곤 합니다. 키나 외모가 어떠한지 연봉이 얼마인지 옷은 잘 입는지 하는 것도 보고 정치관과 종교가 맞는지도 봅니다. 또 서로의 코드라고 할까요? 감성적인 코드나 유머 코드가 어떠한지도 따지게 됩니다. 그런데 이런 조건을 다 따져서 나와 맞을 것 같은 사람을 소개를 받는다고 하더라도 그 사람을 꼭 사랑하게 되지는 않습니다.

사실 두 사람의 결합에 '로맨스'가 들어가게 된 건 그리 오래되지 않았습니다. 서구사회를 들여다보면 18세기와 19세기 낭만주의의 태동과 함께 부르주아 계급에서 남녀간의 사랑을 통한 결합이 시작되었습니다. 그전에는 계급과 계급, 가문과 가문 사이의 정략적인 결혼이 주된 문화였습니다. 인간의 직관과 감성을 중시하면서 자유와 열정, 개성과 자아의 해방을 강조한 것이 바로 낭만주의입니다. 그 낭만주의에서 자유연애가 강조되었던 거지요. 한국 사회에서는 훨씬 더 나중인 20세기에 들어 춘원 이광수가 1910년대에 자유연애를 주장했고요. 실은 사회문화적으로 연애라는 것을 통해 결혼하게 된 건 정말 오래되지 않습니다. 20세기 말에 와서야 가능한 문화였지요.

그런데 참 재미있게도 연애가 자유로운 지금에 어찌 된 일인지 우리는 상대방을 만날 때 조건을 따집니다. 인간에게 사랑하는 대상을 자유롭게 선택할 권리를 주었는데 막상 자본주의 이전 유럽의 봉건주의 사회에서 해왔던 조건부적인 선택을 하니 말입니다.

조건이 중요하지 않다는 얘기를 하는 건 아닙니다. 그 사람의 조건은 그의 정체성 중 하나니까요. 그런데 이왕 따질 조건이면 좀 근원적으로 따지는 것이 좋지 않을까 싶습니다. 우연히 주식 투자가 대박이 나서 큰돈을 벌기도 했지만 직업적인 부분에서 근성이 없고 게으르면 그 부를 유지하는 것이 힘듭니다. 부모가 강남 아파트를 사주기는 했지만 그런 이유로 사사건건 아들 며느리 사는 것에 간섭을 할 수도 있습니다. 그럴싸한 스펙의 잘난 남자지만 의외로 마마보이일 수도 있습니다. 현재 가진 건 많지 않지만 머리가 좋고 근성이 있어 나중에는 두각을 나타낼 것 같은 사람도 있습니다. 외모가 뛰어나고 옷도 센스 있게 입지만 나에게도 그 정도의 미적 감각을 요구하는 까칠함을 지닌 사람일 수도 있습니다. 그래서 우리는 외적인 것 말고 내적인 조건도 골고루 봐야 하는 겁니다.

그 사람의 타고난 성격이나 지능은 대부분 평생 안정적으로 지속되는 부분이라 바뀌기 어렵다는 것을 인정해야 합니다. 이렇게 바뀌지 않는 부분과 바뀔 수 있는 부분을 구별하고, 살면서 두 사람이 겪을 수도 있는 갈등이 극복 가능할 것인지 보자는 겁니다.

그래서 조건을 볼 땐, 가장 우선으로는 상대방이 아닌 나를 보셔야 합니다. 내가 돈을 좋아하는 사람이라면 돈을 크게 봐야 합니다. 종교가 내 인생에 큰 의미가 있다면 같은 종교에 같은 수준의 신앙심을 가진 사람이 후에도 갈등이 없습니다. 내가 독립적이고 자유로운 영혼을 가지고 있다면 이를 이해해주는 사람을 만나는 것이 좋습니다. 내가 내 인생에서 우선 가치를 어디에 두는 사람인가를 면밀하게 살피세요. 나는 어떨 때 행복한 사람인지, 내가 좋아하는 건 무엇인지, 내가 가장 많은 시간을 기꺼이 할애하는 부분은 어딘지, 반대로 내가 어떨 때 불행한지, 내가 참을 수 없을 정도로 싫어하는 건 뭔지도 살펴야 합니다. **나를 보고 나를 알아야 나에 맞는 사람을 고를 수 있고, 무엇보다 나답게 살며 행복할 수 있습니다.**

저는 그래서 조건을 따지는 젊은 미혼들이 현명하다고 생각합니다. 인생을 대충 살지 않고 열심히 살겠다는 뜻으로도 받아들여집니다. 내가 할 수 있는 선택 중에서 최선을 택하겠다는 오기도 보입니다. 다들 조건이라고 하면 흔히 말하는 외적인 스펙만을 얘기하는데요. 외적인 스펙 말고 내적인 스펙도 열심히 따집시다. 그와 내가 인생을 한 방향으로 볼 수 있는지, 종교와 정치에서도 뜻이 같은 사람인지, 이 사람을 정말 사랑해서 고난이 있더라도 같이 극복해 나갈 생각이 드는지 열심히 보자는 겁니다. 외적인 스펙을 따지는 건 오히려 쉽습니다. 예컨대 10개 조건 중에 8개 정도가 마지노선을 통과하면 되고 2개 정도가 과락이 아니면 되니까요. 그러나 세상을 살면서 내적인 스펙을 맞추는 건 정말 어렵습니다. 나와 유머 코드가 맞는지, 나와 대화가 잘 통하는지, 인간에 대한 배려와 공감이 있는 사람인지 등은 오히려 어렵습니다. 그래서 우리는 잘 통하는 연인을 일컬어 '소울메이트'라고 부르기도 합니다. 열심히 만나고, 열심히 연애하고, 열심히 따집시다. 그와 내가 함께 만들어갈 세상에서 같이 행복하기 위해서 말입니다.

우리가
모르고 있던
좋은 연인의 조건

새벽 씨에게 그는 '정해인' 같은 사람입니다. 외모, 능력, 집안 뭐 하나 부족한 구석이 없어 내가 작게 느껴질 정도입니다. 그런데 그런 사람과 연인이 된 지 시간이 꽤 지났는데도 새벽 씨는 뭔가 계속 어색합니다. 심할 때는 그가 선생님이나 엄한 직장 상사처럼 느껴지기도 합니다. 예전 남친과는 직장에서 속상할 일이 있을 때 뒷담화를 실컷 하며 내가 느끼는 감정이 온당하구나 하는 마음에 화가 누그러지곤 했습니다. 그런데 지금 남친과는 그게 잘 안 됩니다.

　많은 사람들은 새벽 씨처럼 그와 나의 외적인 조건 차이로 관계가 힘들 수 있다고 생각합니다. 하지만 새벽 씨와 그의 연인 정해인 씨의 문제는 겉으로 보이는 외적인 조건의 차이가 아니고 두 사람의 놀이play, 유희amusement의 수준이 안 맞는 데 있습니다. 이 수준이 잘 맞으면 오락이나 예술, 취미활동을 하면서 '참 재미있다, 신난다, 다음엔 뭐 하고 놀까?'라는 마음이 절로 듭니다. 흔히 몰입과 무아지경이 일어나게 됩니다.

어린이들을 보면 하루 종일 놀거리를 찾아 헤매며 매 순간 최선을 다해 놉니다. 주변 상황은 홀라당 잊고 밥때를 놓치기 일쑤지요. 어른인 우리가 틈틈이 컴퓨터 게임도 하고 웹툰, 영화, 미드를 보는 건 어린아이로 돌아가 이 유희를 즐기는 겁니다. 그래서 인간을 '호모 루덴스(유희의 인간)'라고도 합니다. 그리고 이런 즐거운 체험을 기꺼이 같이 할 수 있는 사람을 '친구'라고 합니다.

연인 사이는 둘만이 맺는 좀 더 특별한 친구 관계입니다. 연인은 즐거운 체험을 함께 하면서 즐거움을 넘어서서 가치관과 인생관, 종교 등에 이르는 생각을 나누고 공감대를 넓히게 됩니다. 외적인 조건이 안 맞는 사람도 유희 문화가 같으면 친구도 되고 연인도 됩니다. 반대로 외적인 조건이 잘 맞더라도 유희 문화가 다르면 서로 관계가 깊어지기 힘듭니다. 어느 한쪽이 어른이고 어느 한쪽이 아이인데 둘이 놀 경우 진심으로 즐겁고 행복한 관계가 되기는 어렵겠지요.

제가 아직 미혼일 적에 미국 여성들은 연인을 고를 때 가장 중요시하는 요소로 '유머 감각'을 꼽는다는 얘기를 듣고 의아했던 적이 있습니다. 지금도 한국의 결혼정보회사나 기타 설문을 보면 문항은 천

편일률적입니다. 외모, 성격, 능력. 여기를 벗어나지 못하니까요. 성격 문항을 봐도 유머 감각에 관한 건 없습니다. 자상한가 자기중심적인가 혹은 내향적이냐 외향적이냐 하는 부분이 대부분을 차지합니다.

사실 놀이나 유희의 성향은 각 개인들에게는 '유머 감각'으로 나타납니다. 유머 감각은 내가 세상을 바라보는 세계관에 바탕합니다. 즉 본인의 긍정적 기질의 정도가 부정적 사건을 어떻게 해석하는가가 저마다 다릅니다.

얼마 전 아버지가 위암 진단을 받으셨습니다. 아버지는 "아니, 내가 왜 위암이냐고? 담배 피는 양으로 따지면 폐암이어야지. 나는 폐암으로 내 인생의 마지막을 보낼 계획을 딱 세워놨는데 하늘도 무심하시지"라는 말씀을 하시는 바람에 가족들은 심각한 와중에도 빵 터졌습니다. 이 이야기를 듣고 빵 터진 저 같은 사람도 있지만 무슨 생사에 관한 경박한 농담을 하냐며 불쾌해하는 사람도 있을 수 있다는 겁니다. 그래서 이런 유머 감각을 서로 잘 이해하고 누릴 수 있는 연인들끼리는 너와 내가 있어서 재미있고 행복하다는 느낌을 더 많이 받게 됩니다. 정서의 소통이 잘 일어나는 관계인 거지요.

새벽 씨처럼 나의 연인과 있을 때 뭔가 편안하지 않고 경직되거나, 그와의 데이트가 재미가 없다든가, 대화의 핀트가 자꾸 어긋난다 싶은 분들이 계실 겁니다. 그런 경우 내가 고등학교민 나와서 대학을 나온 그와는 지적 수준이 안 맞는 건가, 나는 평범한 사무직이고 그는 잘나가는 전문직이라서 서로 이해의 폭이 좁은 건가 등의 생각을 하게 됩니다. 사람은 뭔가 불편함이 있으면 원인을 찾게 되고 즉각적으로 눈에 보이는 외적인 원인에 아하, 그렇구나 느끼게 되면 마음이 편안해집니다. 내가 불안한 이유를 찾았으므로 더 이상 불안할 필요가 없기 때문입니다. 그다음 수순으로는 과연 내가 그의 수준에 맞는 사람일까 고민을 하게 됩니다. 헤어져야 하나 하는 생각까지 듭니다.

그런데 실은 두 사람이 만나 연인이 되고 또 진정하게 사랑하는 사이가 되는 데는 외적인 문제보다는 서로 얼마나 잘 노느냐에 달려 있습니다. 조건으로만 보면 아무리 봐도 하늘이 내려준 딱 맞는 선남선녀라서 소개팅 주선을 했는데 "서로 잘 안 맞는 것 같아요"라는 거절의 답변을 들은 적이 있습니다. 알고 보니 한쪽은 유희의 영역에서 네버랜드의 피터팬으로 살고 싶고 한쪽은 현실의 웬디로만 존재하고 싶은 사람이었던 거지요. 이것은 어느 한쪽이 노력하여 상대방을 보충할 수는 없는 영역입니다. 같이 시간을 보낼 때 유희의 수준이 안 맞으면 함께 있는 것이 재미있고 즐겁지 않습니다. 우리는 각자의 놀이와 유희의 영역, 유머 감각의 수준이 비슷한 사람과 친구가 되고 연인이 되는 것이 서로 가장 행복하니까요.

같이 놀고 같이 웃을 수 있는 건
우리가 최고의 인연이라는 증거다.

To play and laugh together means that we are the best match.

그와 미래를
꿈꾸기가
주저될 때

연인과의 사랑이 깊어지면 당연히 미래를 꿈꾸게 됩니다. 20대 초반의 풋풋한 사랑이 아니고 어느 정도 나이가 차고 사귄 지 2년이 지나 공통 지인이 늘어나며 상대방의 부모님께도 얼굴을 보인 적이 있는 겨울 씨 같은 경우 더 그러합니다. 아직까지 한국 사회의 결혼 시장에서 여자의 나이는 큰 결정 요소로 작용합니다. 그리고 외국처럼 동거 문화가 자유롭지도 않습니다. 나이가 찬 딸이 오랫동안 사귄 남친이 있다면 십중팔구 부모님들은 언제 식을 올릴지 닦달합니다. 그런데 겨울 씨의 고민은 남친은 별로 나와의 결혼을 꿈꾸지 않는다는 겁니다.

　연인과 만날 때는 누구와 어떤 색깔의 사랑을 하느냐 못지않게 어떤 타이밍인가가 중요합니다. 만일 겨울 씨가 남친과 대학생 시절에 만나 사귀었다면 결혼 생각은 서로 하지도 않았을 겁니다. 그냥 지금 사랑에 충실하며 순간순간을 만끽했을 겁니다. 그러나 지금은 그 타이밍이 잘 맞지 않습니다. 결혼할 심리적 준비가 다 된 겨울 씨와 겨우 사회 초년생인 남친이 사회적 성숙도에서 격차가 존재하기 때문입니다.

반대로 사회적 성숙이 남자가 앞서 있다면 결혼 진행에 장점으로 작용하기도 합니다. 예컨대 사회생활을 갓 시작한 20대 중반 여자와 어느 정도 직장에 자리를 잡은 30대 초중반 남자를 생각해보면 됩니다. 요즘은 같이 돈을 모아서 공동명의의 집을 얻기도 하지만 남자가 집 장만을 해오는 경우도 아직 많습니다. 그리고 진화심리학적 관점에서 예부터 존재했던, 여자의 미모와 젊음이 남자의 재력과 교환되는 형태가 현대의 결혼 시장에서도 존재하는 게 현실이니까요.

겨울 씨와 남자친구처럼 사회적 타이밍이 맞지 않아 갈등하고 있는 연인이 있다면, 해결의 열쇠는 현실적인 것을 좀 더 많이 가진 쪽입니다. 겨울 씨가 남친과의 결혼생활을 원룸에서 시작할 수도 있다는 마음가짐이 있어야 하고 방 두 개짜리 반듯한 전셋집을 못 해오는 사윗감을 탐탁지 않아 할 부모를 설득시켜야 합니다. 물론 먼저 필요한 전제가 있습니다. 현재 내 남친은 진정한 사랑이며 나는 이 사랑을 놓치고 싶지 않다는 확신이지요. 그렇다면 이 타이밍에 대한 조건은 얼마든지 극복 가능합니다.

그리고 겨울 씨의 부모님이 아셔야 할 것은 내 딸의 연인이 지금은 보잘것없이 느껴지더라도 3, 4년이 지나면 꽤 괜찮은 신랑감으로 자리매김하게 되리라는 겁니다. 단지 '타이밍'이 안 맞아 현재 나의 딸에게 부족하게 느껴질 뿐이지요.

그래서 저는 이 '타이밍' 때문에 고민을 하는 건 지금 당장 내가 조금이라도 손해를 보기 싫다는 이기적인 마음이 아닐까 싶습니다. 대한민국에서 많은 부부들이 결혼 당시에는 우리 사랑은 영원하고 행복할 거라는 확신에 가득 차서 결혼을 하더라도 세 쌍 중에 한 쌍이 이혼하는 세상입니다. 하물며 결혼 당시에 시작부터 확신이 없다면 결혼이라는 다음 단계로 나아갈 필요가 과연 있을까요? 오래된 연인이라서? 내 나이가 꽉 차 다른 사람 만나기 힘들 것 같아서? 주변 사람들이 그와 나 사이를 예비부부로 알고 있어서? 현재 연인과의 관계를 정리하기 힘든 여러 이유들이 당장 몇 개 떠오를 것입니다. 그러나 서로 확신이 없는 상태에서 시작하는 결혼 생활은 약간의 갈등이 있을 경우 극복할 마음의 자세가 덜 됩니다. 자꾸 상대방 탓을 하게 되고 보이지 않는 원망이 차곡차곡 쌓여가지요.

'조건'이든 '타이밍'이든 서로의 '애정'이든 뭐가 되었든 연인과의 미래가 망설여진다면 그는 나의 진정한 인연은 아닙니다. 아무도 자신의 미래는 알 수 없습니다. 나의 연인의 미래도 알 수 없습니다. 그와 내가 함께하는 결혼이라는 미래도 행복할지 불행할지 알 수는 없습니다. 그러나 하나 확실한 건 미래에 대한 꿈을 꿔보는 당시에는 그와 나의 미래에 대한 확신이 있어야 합니다. 우리가 함께할 경우 미래에도 행복할 것이 틀림없다는 믿음 말입니다. 또 결혼으로 나아갈 거라면, 연인의 조건을 기꺼이 받아들이는 너그러움과 동시에 상대에 대해 기꺼운 책임을 지겠다는 마음가짐이 필요합니다. 이는 사랑이라는 이름으로 행하는, 우리가 감당해야 하는 당연한 몫입니다.

평생 놓치지
말아야 할
사람

다들 연애도 잘하고 결혼도 잘하고 인생도 잘 사는 것 같은데 나는 연애를 하는 것조차 어려울 때가 있지요. 그럴 때 드는 의문 하나가, 영원한 반려가 될 사람은 대체 어떻게 알아보는 걸까? 입니다.

과연 어떤 사람과 결혼해야 후회하지 않을까? 성격이 나와 비슷한 사람이랑 만나는 것이 맞을까, 혹은 반대 성향이라 상호 보완되는 사람이 맞을까? 주변을 돌아봐도 어떤 커플은 비슷한 성격끼리 어떤 커플은 다른 성격끼리 만나니, 이기다 싶은 법칙이 없어 더 머리가 복잡해집니다.

심리학적으로 말하면, 사람은 자기에게 친숙한 분위기의 사람에게 끌리게 됩니다. 나에게 익숙한 것을 선호하고 낯선 것을 불편해하기 때문입니다. 그런 점에서 사람은 자신이 어려서부터 친숙한 원가족 상의 영향을 받기 쉽습니다.

다정다감하고 요리를 잘하는 엄마를 둔 아들이 무의식중에 아내에게 자기 엄마의 모습을 기대하면서 신붓감을 고르는 것도 그러하고요. 무능해서 가정을 책임지지 못하는 아버지를 둔 딸은, 나중에 신랑감으로 아버지와는 다른 성실하고 유능한 사람을 고르리라 다짐하지만 나도 모르게 아빠와 비슷한 그의 무뚝뚝하고 거친 면에 끌려서 연애하고 결혼하게 되기가 쉽습니다.

제가 본 어느 환자분은 어려웠던 가정환경과 알코올 중독자인 아버지를 둔 자신의 콤플렉스를 극복하지 못하고 자신보다 나은 집안 환경의 남자들에게 자신을 오픈하는 것을 힘들어 했습니다. 결국에는 본인과 비슷한 가정환경에 있는 남자에게 편안함을 느끼고 사랑에 빠지는 거지요.

친숙한 분위기라는 것이 나와 성격이 비슷하다는 의미는 아닙니다. 오히려 나에게 중요한 의미 있는 사람과의 관계 맺음을 연인이나 배우자와 되풀이하게 될 가능성이 높다는 의미입니다. 물론 그 의미 있는 사람은 나의 전폭적인 지지자였던 사려 깊은 아빠일 수도 있으며, 히스테리를 부리며 나를 당신의 감정 쓰레기통으로 이용했던 엄마일 수도 있습니다.

이렇게 긍정적이든 부정적이든 원가족에서의 의미 있는 사람과의 관계 맺음은 나중에 특히 내가 연인과 배우자를 고를 때 지대한 영향을 미칩니다. 때로는 이런 무의식의 작용으로 친숙한 사람을 볼 때 '이 사람이다'라는 착각에 빠져 큰 실수를 할 수도 있다는 얘기입니다. **그래서 우리가 연애를 할 때는 상대방의 어떤 모습에 내가 끌렸는지 잘 살펴보면서 나를 돌아보는 기회가 가지면 실수를 덜 할 수 있습니다.**

흔히 우리가 연인을 사귈 때, 편안하고 왠지 끌리는 사람이 있습니다. 그러나 어느 정도 시일이 지나 친구들에게 그를 소개하면 그 사람은 아니라며 뜯어말리거나 갸우뚱하는 경우가 있지요. 연인과의 시작에서 나만이 아는 그의 보석을 발견해나가는 과정은 연애의 짜릿함이자 필요충분조건이긴 합니다. 그러나 어쩌면 그 보물찾기는 연인과의 열정에서 정상적으로 씌인 콩깍지가 아니라 나의 콤플렉스가 투사된 비정상적인 콩깍지일 수도 있습니다.

집에서 항상 장녀의 역할로만 살며 일찍 철이 들어야 했던 어느 여자분이 있었습니다. 누군가를 소개받는 자리에서 다리를 다쳐 목발을 짚고 나온 남자를 보고 바로 '이 사람이다'라는 느낌을 받았다고 합니다. 불쌍해 보이고 내 도움이 필요해 보였던 그와 사랑에 빠져 결혼하고 나니, 남편의 실제 모습은 자기 욕구만 중요했던 이기적인 자신의 아빠와 비슷한 사람이었습니다. 과거 가족과의 관계에서 내가 맡았던 역할을 현재 남편과의 관세에서도 역시 반복하게 됩니다.

매력의 콩깍지, 호감의 콩깍지가 아니고 뭔가 한없이 안되어 보이는 연민의 콩깍지, 내가 저 사람을 도와주어야 할 것 같은 구원의 콩깍지, 나의 콤플렉스로 가려진 열등감의 콩깍지를 경계해야 한다고 거듭 말씀드립니다.

그러면 우리는 어떤 사람을 골라야 하는 걸까요?

주변에서 누군가 이와 비슷한 질문을 하면, 저는 정서의 '결'이 비슷한 사람을 만나라고 답변합니다. 결이라는 것은 실의 독특한 특성들이 가로세로로 엮이며 직물을 만들어내면서 갖게 되는 느낌입니다. 옷감에는 은은한 광택이 흐르면서 결이 고운 실크가 있고 다소 두껍고 투박하게 까끌까끌한 결이 거친 삼베가 있습니다. 저는 삼베는 삼베끼리 실크는 실크끼리 만나면 좋겠습니다. **사람한테 적용하면, 결이 같다는 건 정서의 싱크로율이 같다는 의미입니다.**

예를 들어 내가 슬퍼할 때 슬퍼하고 내가 기쁠 때 기뻐하고 내가 불안할 때 같이 불안해주는 바로 그것을 의미합니다. 그럴 경우 너와 함께 있다는 '심리적 가시성 psychological visibility'을 느낄 수 있고 이는 사람으로 하여금 외롭지 않게 합니다. 심리적 가시성은 누군가가 나를 봐주고 있다는 느낌입니다. 그가 나의 감정을 이해하고 있으며 그래서 너와 내가 한곳에서 같이 존재한다는 느낌입니다.

아, 자꾸 성격이 비슷하다는 것으로 오해는 하지 마세요. 예전에 어느 인터뷰 기사에서 원로 탤런트 김혜자 씨가 한 말이 떠오릅니다. 남편은 나와 성격이 많이 다른 진중한 사람이었지만 큰 산과 같은 사람이라서 자신의 배우 활동을 적극 지지해줬다고요. 이들을 굳이 비유하자면 화려한 오렌지 실크와 덤덤한 베이지 실크의 조합이랄까요?

그런데 연애가 무르익을 때는 이 결이 무조건 비슷하다고 생각될 수 있어요. 그럴 때는 결의 '타이밍'을 주목해 보셔야 합니다. 연인의 손톱 밑에 박힌 가시를 보면 내 마음이 아파오면서 차라리 내가 아팠으면 좋겠다고 하잖아요. 드라마 〈다모〉의 "아프냐? 나도 아프다"라는 유명한 대사처럼요. 멀어지는 연인들, 인연이 아닌 연인들은 이 결의 타이밍이 어느 기점을 시작으로 살살 어긋납니다. 상대방의 서운함이 까칠함으로 느껴지고, 부재중 전화를 봐도 바로바로 전화를 안 합니다. 오늘 하루 있었던 소소한 일상이 별로 궁금하지 않게 되고요. 결의 타이밍이 어긋나는 신호가 하나하나 드러나게 됩니다.

연인 관계에 있어서 누군가는 씨실로 누군가는 날실로 작용하면서 같은 직물을 만들어내야 합니다. 실크 재질의 씨실과 삼베 재질의 날실을 엮어 직물을 만들면 이도 저도 아닌 직물이 만들어지잖아요. 여기에 씨실과 날실이 정확한 타이밍으로 엮이지 못하면 씨실 한 줄에 날실 두 줄이 들어가는 등 제대로 된 직물이 안 나오겠지요. 반대로 씨실과 날실이 같은 재질로 타이밍 역시 정확하게 잘 맞아떨어지면 제대로 된 직물이 나옵니다. 거기에 다채로운 색깔을 짜 넣거나 물을 들이면 눈부시게 아름다운 옷감이 탄생하게도 됩니다. 자, '이 사람이다'라는 느낌이 맞는지 궁금한 여러분, 지금 나에게 내 연인은 뭔가 좀 어긋나면서 같이 있다는 느낌을 못 받는 사람인가요? 아니면 그 결이 잘 맞아 늘 함께 있다는 따뜻함이 드는 사람인가요?

마음이 이어져 있다면

새벽 3시에도 우리는 혼자가 아니다.

If our hearts are connected, we are not alone at 3 am.

행복한
비혼주의자의
4가지 특징

정신과 외래 진료실에 앉아 있다 보면 비혼주의자들을 흔하게 만납니다. 혹은 다 큰 자식이 결혼을 안 하고 있다며 걱정하는 부모들의 모습도 자주 만납니다. 부모들은 혹시 본인의 불행한 결혼생활이 자식의 결혼관에 영향을 미치지 않았나 싶어 자책 아닌 자책을 하기도 합니다.

물론 그런 경우도 있습니다. 부모가 살아온 모습을 닮고 싶지 않다고 말하는 젊은이들 말입니다. 왜 저리 지겹게 싸우면서 지금까지 이혼을 안 하고 사는지 도무지 이해가 안 된다고 합니다. 덧붙여 나는 결혼을 안 할 것이며 혼자 사는 이 삶이 충분히 만족스럽다고 항변하기도 합니다.

실은 어느 정도는 맞는 말이기는 합니다. 결혼이라는 큰일을 벌이지 않고 나 자신의 삶을 평생 책임질 수 있는 경제적, 정서적 능력만 있으면 인생이 크게 오르내릴 일은 없습니다. 괜히 결혼이라는 것을 덜컥 선택했다가 주저앉은 우리네 부모의 인생을 피했다는 안도감에 만족하면서 말입니다.

그러나 실제로 제가 근래 외래에서 많이 본 비혼주의자들은 비혼을 선택한 이유가 좀 다릅니다. 알 수 없는 세계를 수동적으로 회피하면서 위험을 피했다기보다는 적극적이고 자발적인 선택에 의한 비혼이 훨씬 더 많습니다. 그리고 이 선택은 부모의 결혼생활이 행복한지, 안 행복한지와 관련이 없습니다.

"제가 결혼에 맞는 성격이 아니더라고요. 혼자만의 영역이 중요한 사람이라서요. 아무리 사랑하는 사람이라 할지라도 연애까지는 좋은데 결혼은 안 할 거예요."

"연애 말고도 세상에 재미있는 일이 많아서요. 지금 모으고 있는 피규어 한정판도 마저 사야 하고요. 겨울이면 일본으로 스노보드도 타러 가야 해요. 결혼하면 사는 게 빡빡해서 이런 취미생활 못 하잖아요?"

"호주로 워킹 홀리데이 다녀올 생각이에요. 바리스타 공부를 하고 있거든요. 세계적인 바리스타 전주연처럼 되는 게 꿈이에요. 유럽이나 미국의 커피 바리스타 자격을 받으려면 일단 영어를 잘해야 하더라고요. 결혼은 별로 생각이 없어요.'

"웹툰 업로드하기도 바빠요. 하루살이 인생이에요. 매주 월목에 올리는데요, 끝나고 하루 정도 치맥하고 다시 돌아올 마감에 허덕여요. 연애는 무슨. 시즌1 끝나면 휴재 공지 내고 두 달 정도 쉬려고요."

이 같은 얘기를 들려준 적극적 비혼주의자들은 몇 가지 특성들을 가지고 있었습니다.

첫 번째, 자신에 대해 잘 알고 있습니다. 원활한 결혼생활을 위해 해야 하는, 사랑하는 사람을 위한 배려인 건지 혹은 관례적인 희생인 건지 헷갈리는 선타기를 싫어하는 스스로의 성향을 잘 파악하고 있습니다.

두 번째, 결혼보다 더 매력적인 인생의 과제들을 하나씩 짊어지고 있습니다. 직업, 취미 혹은 유기견 보호 활동 등 스스로 가치 있다고 생각하는 길을 열심히 가고 있습니다. 딱히 결혼과 그 매력적인 인생의 과제를 저울질한 건 아니고 그냥 열심히 살고 있을 뿐인데 주위에서 한 번씩 물어보면 생각하게 되는 거지요. 어라? 결혼보다는 이게 더 재미있는데? 더 좋은데? 더 보람 있는데? 더 의미가 있는데? 이러면서 본인이 비혼주의자임을 실감합니다.

세 번째, 타인의 시선에 별로 개의치 않습니다. 여기서 가장 중요한 타인은 아마도 자식의 미래를 걱정하는 부모가 될 것입니다. 젊을 때는 저러고 살다가 늙어서 등 긁어줄 배우자가 없어서 외롭지는 않을까, 더 이상 경제적인 벌이가 힘들 때 의지할 남편이나 자식이 없지 않을까 싶은 부모님의 마음도 이해는 갑니다. 그러나 적극적 비혼자들은 알고 있습니다. 부모는 내가 아니며 부모가 살아온 세상은 앞으로 내가 살아갈 세상이 아니라는 것입니다. 향후 20년 뒤에는 현재 직업의 절반이 사라진다는 미래학자 토마스 프레이의 말을 빌리지 않더라도, 평생직장 개념이 약해지고 유튜버가 선망 직업이 되는 등 직업 세계만 해도 벌써 부모 세대와 판이하지요.

비혼주의자들은 사회적 편견이라는 타인의 시선도 마주하는데요. 특히 한국 사회에는 '30대 초중반엔 결혼을 해야 노처녀 노총각 소리를 면할 수 있다', '신혼부부가 그래도 20평대 전셋집에서 시작해야 한다' 같은 '해야 한다' 명제들이 많습니다. 여기에 뒤처지면 낙오자 취급을 하는 전체주의 문화도 있습니다. 적극적·자발적 비혼자들은 이러한 타인의 시선을 가뿐히 무시합니다.

네 번째, 미래에 대한 불안감보다 그저 오늘을 열심히 사는 데 집중합니다. 그리고 그들은 압니다. 열심히 산 오늘은 후회 없는 과거가 될 것이며, 오늘이 모여 미래를 만들어간다는 사실을 말입니다. 실은 부모들은 당장보다는 미래를 걱정하며 비혼인 자식의 장래를 걱정합니다. 마치 건강을 위해 입맛과는 상관없이 무조건 유기농 채소를 먹으라고 강요하는 것처럼요. 그런데 누군가는 채소를 좋아하기도 하지만 누군가는 고기나 생선, 또는 새콤달콤한 과일을 좋아하기도 합니다. 적극적 비혼주의자들은 이러한 다양성을 존중합니다. 그래서 자신의 개별성을 포기하지 않습니다.

그래서 적극적·자발적·선택적 비혼주의자들에게는 별로 해줄 말이 없습니다. 그들은 충분히 행복합니다. 타인의 염려와 다르게 미래를 불안해하지도 않습니다. 세상과 타인의 문화적, 관습적 압력에 굴하지 않고 스스로를 지켜내는 작은 전사와도 같습니다. 혼자 스스로의 삶을 책임질 성숙함도 갖추고 있습니다.

참 아이러니한 것은 소극적 비혼주의자들이 '절대 결혼하지 않을 거야'라는 딱딱함에 사로잡혀 있다면 적극적 비혼주의자들에게선 '결혼이 굳이 내 인생의 일순위는 아니야'라는 유연함이 보인다는 점입니다. 그들은 어쩌면 비혼주의가 아닐지도 모릅니다. 단지 자신이 맺을 관계를 선택함에 있어서 타협이 있을 수 없는 눈 높은 사람일 수도 있습니다. 그 삶의 자세로 연애와 결혼을 하게 된다면 누구보다도 열심히 할 사람들입니다. 그들에게 '브라보 유어 라이프'라는 응원을 보냅니다.

결혼 안 한
불안을
더는 법

코로나 이후로 먹고사는 경제적 문제가 누구에게나 힘들게 다가옵니다. 요새는 이런 사회경제적 상황과 현실적인 이유로 인한 비혼주의자들도 늘어나고 있습니다. 치솟는 부동산 가격을 보면 내 집 마련은 먼나라 얘기 같습니다. 쥐꼬리만 한 월급으로 애를 낳는다는 것도 상상이 안 됩니다. 해마다 애 한 명을 평범하게 키우는 데 드는 돈이 억 단위로 올라가는 것을 보면 평범하게 결혼하고 아이 기르고 노후 대책을 하는 삶이 왜 이리 닿기 어려운가 싶습니다. 이런 사회의 현실을 아는지라 무조건 결혼을 강요하고 애를 낳으라고 말하는 소위 말하는 '꼰대'짓은 하고 싶지 않습니다.

그러나 적극적 비혼주의자들 말고 소극적·수동적 비혼주의자들도 많습니다. '저는 결혼에 맞는 사람이 아닌 것 같아요', '혼자 사는 것이 편해요', '부모님의 결혼 생활을 지켜보니 지긋지긋해요', '누가 나를 좋아하겠어요?', '경제적으로 가정을 유지할 능력이 안 돼요' 등등의 이유로 결혼을 포기한 비혼주의자들은 안타깝습니다. 이런 소극적·수동적인 비혼주의자들 역시 몇 가지 특징을 가지고 있습니다.

첫째, 스스로를 신뢰하지 않습니다. 내가 사는 현재 삶이 불만족스럽고 나 또한 내가 마음에 들지 않는 사람들이지요. 실은 타인을 좋아하고 사랑하는 능력은 나를 좋아하고 사랑하는 능력이 먼저 있어야 합니다. 나를 좋아하는 감정이 나에 대한 확신이 되고, 신뢰가 되고 그러면서 타인에게로 영역이 확장되기 때문입니다.

둘째, 타인과의 깊은 관계를 불편해 합니다. 어린 시절부터 타인과 진정한 깊이 있는 관계를 맺어본 경험이 거의 없는 사람도 있습니다. 공부를 강요당했거나 사회에서 인정받는 좋은 직업을 가지기를 원하는 부모 밑에서 자랐거나 스스로가 사람을 직업이나 학벌, 재산 등의 수직적 서열로 판단하는 세계관을 가진 사람들은 타인에게 인간으로서의 진정한 관심이 있지 않습니다. 또한 성격상 자기중심적인 사람들은 타인에게로 눈이 잘 돌아가지 않습니다. 혹은 회피성 애착을 가진 경우 타인과의 관계가 깊어지는 것을 두려워합니다. 이들은 연인과 가까이 지내게 되면 나의 세계가 침범당할거라는 불안에 휩싸인 사람들이지요. 여러 이유로 타인과의 관계 맺음에 서툰 사람들입니다.

셋째, 세상과 미래에 대해 비관적입니다. 일단 경제적인 이유로 비혼주의자가 된 사람들은 여기에 속합니다. 눈에 보이는 외적인 면에서 결혼 후의 나의 미래는 그리 밝지 않을 거라고 미리 장담하는 경우지요. 이런 눈에 보이는 면 외에도 내면적으로 자신의 미래에 대한 확신이 부족하고 세상이 힘든 곳이라는 부정적인 세계관에 사로잡혀 있는 경우도 있습니다. 실은 나이가 들면 인간은 세상에 대해 알아가면서 기대를 접고 현실에 안주하면서 약간은 시니컬해지는 면이 있습니다. 그러나 젊은 20대가 이런 모습을 보이는 것은 제 나이를 훌쩍 건너뛰어서 미래에 대한 기대와 낙관이 없는 삶이 힘든 노년의 모습과도 같습니다.

혹시 내가 이런 비혼주의자의 모습을 가지고 있지는 않은지요? 현재 내 삶도 힘들어 죽겠고 행복하지 않은데 결혼까지 해서 배우자까지 챙기고 애도 낳고 하는 삶을 살게 되면 더 힘들어질 것 같다고 생각하는 분은 아니신지요?

우리가 결혼을 위해 사는 존재는 아닙니다. 우리는 스스로의 행복을 위해 삽니다. 누군가에게는 결혼이 행복할 수도 있고 누군가에게는 결혼 생활이 적성에 안 맞아 혼자 사는 삶이 행복할 수도 있습니다. 그러나 혹시 나의 삶의 고삐를 내가 아닌 다른 사람, 그러니까 타인 혹은 세상에 맡겨두지는 않았나 고민을 해봅시다. 적극적으로 나의 선택이 아닌 세상에 휘둘러서 내가 비혼을 선택하지 않았나 말입니다. 우리는 삶에 대한 고삐를 자기 자신이 쥐고 있을 때 한 인간으로서 자율성과 독립성을 가질 수 있습니다. 그러나 내가 외부의 손에 내 고삐를 맡긴다면 불안해질 수밖에 없습니다. 외부의 변화에 귀를 쫑긋거려야 하고 그에 맞추어 대비를 해야 하니까요. 내가 내 삶을 뜻대로 못 산다 생각되면 외부의 모든 것들이 불만족스럽고 원망스럽게 됩니다. 인생이 불행해지지요. 우리가 혹시 세상이 이래서 타인이 이래서 라는 이유로 비혼을 어쩔 수 없이 선택했나 살펴봅시다.

또 비혼을 무언가에 대한 회피로 선택하지 않았나도 고민을 해봅시다. 사람 사이의 깊은 관계에서 생기는 책임감이 싫어서, 혹은 누군가와 가까워질 때마다 나의 일거수일투족을 하나하나 간섭하고 통제했던 엄마의 모습이 떠올라서, 경제적 책임을 지는 진정한 성인의 삶을 피하고 싶어서 비혼을 택하지는 않았나 말입니다.

마지막으로 나 자신과 내가 제대로 된 관계를 맺고 있나를 잘 살펴봅시다. 내가 나를 좋아하고 현재 모습에 만족하고 있는지를 보자는 겁니다. 예를 들면 공부를 잘하지만 음악에 재능도 있고 음악을 미친 듯이 좋아했는데 엄마가 원하는 대로 판검사나 의사가 돼서 하기 싫은 일을 하면서 살고 있을 경우 나 자신이 만족스럽지 않습니다. 내 인생이 아닌 엄마에 의한, 남에게 보여주는 인생을 살고 있기 때문입니다.

내가 좋아하는 것, 내가 잘하는 것, 내가 어떨 때 행복한지에 대한 고민에 "잘 모르겠어요"라고 대답하는 분들이 많습니다. 내가 나도 모르겠는데 나에게 잘 맞는 연인이 어떤 사람일지 아는 것은 더 힘든 일입니다. 내가 나 혼자의 삶도 원하는 대로 못 꾸리는데 연인과 함께

하는 삶은 어찌 꾸려야 할지 감도 못 잡게 됩니다. 이런 경우 그냥 눈에 보이기에 괜찮은 스펙이면 '그냥' 사귀게 되고 때 돼서 나이가 들면 '그냥' 결혼하게 됩니다. 혹은 '그냥' 결혼하기 싫어하는 비혼주의자가 되기도 합니다.

이처럼 비혼에 대한 고민은 결혼 상대자나 결혼 자체보다는 나 자신에 대한 고민을 하면서 문제를 푸는 것이 맞습니다. 단지 막연히 비혼주의자라면 내가 어떤 사람인지 잘 알지 못하고 다른 사람과의 관계가 편치 않으며 그렇지만 지금의 상황을 바꿀 용기와 의지는 없어서 이대로 살고 싶어 하는 경우가 대부분이기 때문입니다.

이런 고민을 마친 후에 준비가 되었다면 내 세상의 문을 타인과 세상을 향해서 편견 없이 한번 열어보시기를 권합니다. '나는 절대 결혼을 하지 않을 거야'라는 보이지 않는 딱딱한 갑옷을 벗어보세요. 늘 무거웠던 어깨가 가볍게 느껴지고 잿빛이었던 세상이 알록달록한 색깔이 되며 내가 모르는 세계가 따로 있다는 것을 알게 될 겁니다. 나의 세계가 확장되고 나는 그 안에서 뛰놀면서 자유를 느끼게 됩니다. 내가 남들 다 하는 꽁냥꽁냥한 연애를 할 수 있는 사람이었다는 것도 알게 됩니다. 의외로 그 연애가 재미있고 나의 연인과 진정으로 관계를 맺으면서 행복하고 충만한 기쁨도 느끼게 될 겁니다. 결혼에 대한 생각도 딱딱하게 경직되지 않고 좀 더 유연하고 말랑말랑해지면서 말입니다. 세상에는 타고난 결혼주의자도 없으며 타고난 비혼주의자도 없으니 말입니다.

남의 평판에 덮여
못 보면 절대
안 되는 것

우리에겐 소개팅이나 선으로 사람을 소개받을 때가 종종 있습니다. 혹은 누군가가 내 연인을 궁금해할 때 이런 사람이야 하고 설명해야 할 때도 있습니다. 그럴 때 직업은 뭐고 어디 살고 외모는 어떻고 하는 외적인 부분을 설명하는 건 쉽습니다. 자상해, 듬직해, 재미있어 등의 성격 표현도 그리 어렵지는 않습니다. 아마도 우리가 연인을 소개할 때는 이게 다일 겁니다. 그런데 많은 사람들이 간과하는 부분이 있습니다. 바로 상대의 도덕성에 대해서입니다.

'사내 연애라서 그 사람의 성품을 어지간히 알고 있다'고 항변하는 어느 독자분의 음성이 들리는 듯합니다. 그나마 그건 좀 나은 상황입니다. 기본이 되는 '공적인' 도덕성은 일단 갖춘 거니까요. 남을 때리거나 죽이거나 도둑질하지 않는다는 교과서적인 도덕성 말입니다. 이는 회사에서 평판이 되며 업무 평가나 승진에 영향을 미치기 때문에 내가 나를 위해서 지키는 부분도 많습니다. 그러나 제가 말하고 싶은 건 '사적인' 도덕성에 대해서입니다.

예를 들어 회사에서 성실하고 반듯한 성품으로 일을 잘하는 동료이지만 사생활에서는 양다리며 몇 다리를 걸치는 사람이 있습니다. 자기 일은 잘하고 책임감 있는 사람이 연인과 이별을 할 때는 항상 잠수이별의 형식을 취하는 비겁한 방식으로 행동합니다. 힘든 일을 당한 친구에게 밥 사주고 술 사주며 위로해주는 사람이, 매일 새벽에 술 마시고 다니지 않았으면 좋겠다는 연인의 조언은 가뿐히 무시하기도 합니다. 이럴 때 생기는 갈등은 내 연인의 '사적인' 도덕성의 부분을 보지 못했기 때문에 지금에서야 삐그덕대며 오류가 있음을 알리는 거지요.

그래서 우리가 연인을 고를 때 이 도덕성의 수준을 꼭 봐야 합니다. 사적인 도덕성을 가늠하기란 물론 어렵습니다. 일반적으로도 은밀히 감추어져 있으며 연애를 하는 초반에는 상대방에게 잘 보이기 위해 노력하기 때문입니다. 그러나 열심히 두 눈을 뜨고 보면 볼 수 있습니다. 나에게 가족끼리 가는 여행이라고 거짓말을 하고 남녀 동반인 여행 모임에 갔다든지, PC방에서 오락을 하느라 데이트 약속을 취소하면서 감기몸살이 난 것 같다고 거짓말을 한다든지 하는 신호가 있을 것입니다. 극단적으로는 '업소에 다녀온 남친과의 만남을 지속해야 하느냐? 그가 진심으로 미안하다며 뉘우치고 있다' 혹은 '다른 여자와 썸을 타는 상황인 것을 발각했다. 어찌해야 하느냐?'라는 인터넷 사이트의 사연을 종종 봅니다.

이는 그 보기 어렵고 힘든 사적인 도덕성을 평가할 수 있는 기회를 하늘이 내려준 겁니다. 바로 '조상신 찬스'인 거지요. 이 조상신이 내린 찬스를 무시하고 정 때문에, 내가 너무 좋아해서 용서라는 이름으로 만남을 지속하는 것을 보면 참 안타깝습니다. 사적인 도덕성이 낮은 사람은 가뿐히 걷어차주는 것이 내 인생을 위해 좋습니다. 반대로 사적인 도덕성이 높은 사람은 어떤 사람이냐고요? 그런 연인은 '배려'라는 덕목을 가진 최고의 연인이 될 가능성이 높은 사람입니다. 그 배려로 나를 행복하게 해줄 그럴 연인 말입니다.

결혼 전에
어디까지
겪어봐야 할까?

"길지 않은 시간 연애를 하고 결혼하고 보니 결혼 전에 좀 더 치열하게 싸웠어야 했나 하는 고민이 듭니다. 결혼을 하기 전에도, 결혼을 하고도 사랑은 어려운 것 같아요. 특히 가족이 돼서 함께 살아야 하니 더 조심하게 되고, 그게 쌓여서 스트레스가 되기도 합니다. 대체 결혼 전에 어디까지 겪어봐야 결혼하기에 적합한 상태가 되는 걸까요?"

외래에 오는 30대 초반 연두 씨의 말입니다.

우리나라의 최근 3년 이혼 통계를 보면 2017년 10만6,000건, 2018년 10만9,000건, 2019년 11만1,000건으로 매년 높아지는 추세입니다. 과거와 달리 연애를 어느 정도 한 후에 결혼을 하는 시대라 이런 통계를 들으면 미혼들은 갸우뚱합니다. '아니, 결혼 전에 성격을 잘 몰랐나? 그 정도는 파악하고 결혼을 했어야지'라며 쉽게 말할 수 있습니다.

같이 안 살아보면 모른다는 반론에 혹자는 그럼 미리 동거를 하면 파악되지 않겠냐는 얘기를 할 수도 있습니다. 그러나 동거 문화에 관한 사회적 시선에서 자유롭고 실제로 결혼 전 동거를 많이 하는 미국과 스웨덴이 우리보다 이혼율이 높은 걸로 봐서는 그것도 정답은 아닙니다.

물론 동거를 하면 내가 몰랐던 상대방의 습관은 알 수 있죠. 잘 때 코골이나 치약을 짜는 법, 옷을 벗어놓는 모양새 같은 부분이요. 그런데 그게 다입니다. 오히려 결혼이라는 만인 앞에 서약하는 절차가 없는지라 상대방에 대한 귀함이 덜합니다.

예를 들어 우리는 어느 조직이나 모임에서 신고식을 혹독하게 치루는 경우를 보는데요, 왜 이런 일을 하나 생각해보면 인간의 심리가 보입니다. 들어올 때 힘든 문턱을 만들어 놓으면 여길 통과한 사람들은 그 집단에 대한 소속감과 애정, 관심이 커집니다. 그 안에 들어갔다는 스스로에 대한 뿌듯함도 생기고요.

실은 결혼도 만인 앞에서 하는 고난과 역경을 극복한 상징적인 신고식입니다. 평생 이 여자와, 이 남자와 함께하겠다는 서약은 그 약속을 깰 경우 나 자신과 지인들에게 신뢰를 한 번 저버리게 된다는 구속력을 지닙니다. 그것이 결혼이 가지는 의미입니다. 그러나 동거의 경우는 이런 구속력이 없습니다. 책임도 의무도 없습니다. 그러다 보면 상대방의 귀함이 떨어지게 됩니다. 미국 드라마 〈섹스 앤 더 시티〉에서 동거 중인 남친에게 프러포즈를 받지 못해 안달복달하는 캐리가 미국 동거 문화의 한 단면을 보여줍니다. 실제로 많은 미국의 미혼 여성들이 동거를 하면서 언제 내 남친이 근사한 1캐럿짜리 다이아 반지를 내밀며 청혼을 해줄까 '을'의 위치에서 고민을 하는 경우가 많습니다.

동거가 실제 결혼의 모의 체험이자 사전 시뮬레이션이라고 생각하는 분들이 계신 것 같습니다. 그러나 동거는 결혼이 아닙니다. 그 사람을 좀 더 알게 되는 건 사실이지만 결혼과 달리 정말로 힘든 위기가 닥칠 때 그 사람의 밑바닥을 볼 기회는 없습니다. 여러 인간관계가 뒤섞여서 갈등을 빚을 때 어떤 방식의 조율을 하는지 볼 기회도 없습니다. 돈 때문에 서로 의견이 맞지 않아 싸울 이유도 없습니다. 왜냐하면 적절히 각자의 영역이 존중된 상태이기 때문입니다. 게다가 서로에게 여차하면 발을 뺄 수 있는 마지막 보루가 있는 관계이기 때문입니다.

그러나 우리가 결혼을 하면서는 그 사람의 모든 것을 보게 됩니다. 코로나로 인해 갑작스러운 실직 상황에 놓였을 때 열심히 이력서를 쓰고 다니는지, 세상을 원망하며 알코올 중독자에 버금가게 술을 마시는지 알게 되고요. 친정아버지가 위암에 걸려 병원비를 보태드려야 할 상황에 마구 짜증을 내는 남편의 모습을 보게 됩니다. 돈을 흥청망청 쓰는 주부가 남편의 월급 수준을 탓하는 모습도 봅니다. 또 시댁과 친정의 마인드나 가치관도 적나라하게 알게 됩니다. 상견례

자리에서 장남이라 염려된다는 친정어머니의 염려 섞인 한마디에 요즘 세상에 장남의 역할이 따로 어디 있냐며 경우 바르게 말씀하시던 시어머니가 결혼 후에 보인 가부장적 갑질에 이혼을 한 사람도 있습니다. 친정과 분리가 안 되어 사소한 일에도 간섭하는 장모님과의 장서 갈등 때문에 힘들어하며 병원에 오신 분도 있습니다.

이런 상황들은 동거 상황에 알 수 없습니다. 오로지 두 사람의 일상적인 삶의 습관만 섞이기 때문입니다. 결혼은 습관뿐만 아니고 돈도 섞이고 삶을 바라보는 방식도 섞이고 시댁, 친정 양가의 마인드까지 몽땅 섞이는 것이기 때문입니다. 애를 낳게 되면 육아의 고단함에 서로 짜증이 나면서 배려라는 항목에서 인격에 대한 적나라한 평가도 내려집니다. 자, 아직도 동거가 모의 결혼처럼 보이시나요?

결혼 전에는 동거를 한들 싸움을 한들 상대방을 잘 알 수는 없습니다. 싸움이라고 해봤자 나를 서운하게 한 그 부분에 대해 싸울 뿐이지요. 결혼을 한 자의 눈으로 보면 알콩달콩한 사랑싸움입니다. 결혼 후에는 정말 치열하게 인격의 바닥을 드러내며 이빨을 내보이고 물어뜯을 듯이 으르렁거리는 싸움을 하게 되니까요. 실은 그래서 연애를 5년 했든 1년 했든 선을 본 후 석 달만에 결혼을 했든 주변에 이혼한 커플을 보면 행복한 결혼 생활과 이혼은 랜덤임을 알게 됩니다.

이처럼 그 어떤 연애도 상대방을 파악하는 데 한계가 있습니다. 행복한 연애가 행복한 결혼으로 꼭 이어지지도 않습니다. 그래서 우리는 결혼을 결심할 당시 서로를 잘 모르는 미지의 영역이 있음을 인

정해야 합니다. 만일 그 결혼에서 내가 바꾸고 노력할 부분이 있으면 최선을 다해 노력하는 겁니다. 그리고 내가 잘 모르는 상대방의 단점이 정말 견딜 수 없을 정도라면 결혼 자체를 재고해보고 원점으로 돌릴 용기도 있어야 합니다. 상대방을 뜯어고쳐야 한다며 부부 상담소를 다니며 상대방에 대한 고자질에 여념이 없는 부부들이 참 많습니다. 상대가 바뀌기 힘들다는 전제 하에 내가 감당할 부분과 그럴 수 없는 부분을 잘 구별하는 것이 내가 할 수 있는 최선입니다.

30대 이후
사랑에는
이것이 필요하다

"대학을 졸업하고 직장에 들어와 정신없이 살았던 20대가 지나가고 서른의 문턱을 넘었습니다. 지난 시간을 돌아보면 참으로 열심히 살았습니다. 대학 공부와 취업 준비도 열심히 했고 회사에 들어와서는 뒤돌아보지 않고 앞만 보고 달렸습니다. 일뿐만 아니고 연애도 열심히 했습니다. 연애다운 연애는 서너 번이었고 누구와는 결혼 생각도 했는데 사람의 인연이라는 것이 그리 녹록지는 않더라고요. 여러 가지 이유들로 헤어지게 되어 지금은 솔로로 지내고 있습니다."

위의 산들 씨처럼 사람은 20대에 공부, 사랑, 일 등 자신을 위한 치열한 활동을 하며 사회인으로서 발돋움을 해갑니다. 부모로부터 떨어져 나와 자취를 하거나 이제 월급을 받기 시작해 내 이름으로 된 적금과 청약 통장을 가지고 있지만, 아직 내가 나로서 살 준비가 되었다고 보기는 어렵습니다. 그래서 사회생활을 시작한 젊은이들을 저는 사회 어린이, '사린이'라 부르고 싶습니다.

그리고 사린이는 사린이에 맞게 연애를 하면 됩니다. 외모가 잘생겨서, 나에게 잘해줘서, 같이 있으면 재미가 있어서 등등의 이유 말입니다. 실은 이렇게 철모르는 나이에 한 연애는 내 삶을 풍요롭게 하고 행복하게 만듭니다. 어린이의 삶을 보면 돈이나 미래 걱정 안 하고 오직 이 순간에 뭘 하면 재미있을까가 고민의 전부인 것처럼요. 이야말로 20대의 특권입니다. 시행착오를 마음껏 해도 아직은 미숙할 때구나라는 사회적 시선 안에 있으니까요.

30대의 연애는 좀 달라야 합니다. 30대가 되면 얼굴이 잘생겨서, 몸매가 좋아서라는 이유만으로는 연인을 고르지 않습니다. 내가 성숙하면서 나 자신을 알게 되고 가치관과 철학이 세워지기 때문입니다. 그래서 사람을 볼 때 20대에는 지니지 못했던 안목이라는 것이 생깁니다. 그 사람의 인성도 보이며 정치 성향이 우파인지 좌파인지도 보입니다. 30대를 지나 마흔쯤 되면 그 사람의 성실성과 근성까지도 보입니다. '아, 자기 일에서 성공할 사람이구나'라는 것까지 어렴풋하게 보입니다. 그러니까 우리가 나이를 먹으면 먹을수록 그 사람의 '외적 자아'를 넘어 '내적 자아'를 볼 수 있는 눈이 커집니다.

사람의 외면 아닌 내면을 보라는 고리타분한 얘기를 하려는 것이 아닙니다. 외적 자아(직업, 외모, 옷차림 등)는 그 사람이 이제껏 살아온 성실성과 노력, 취향과 미적 감각, 그리고 내적 자아까지 살짝 짐작하게 해줍니다. 내적 자아는 그 사람의 깊숙한 내면입니다. 진정으로 어떤 사람인지, 앞으로 어떤 삶을 살고 싶은지 하는 겁니다. 결혼생활이 행복한 부부들은 외적인 부분보다는 가치, 종교, 철학을 공유하는 사람들이란 연구가 있습니다. 조르주 상드나 쇼팽처럼 세기의 사랑으로 남은 커플 역시 대단한 외모였던 게 아니고 서로의 내면을 알아본 시대의 예술인들이었습니다. 실로 내적 자아끼리의 만남은 삶을 '비포 나'와 '애프터 나'로 바꿀 만큼 열정적이고 충만한 경험입니다.

다른 사람의 외적 자아와 내적 자아를 잘 알게 되는 눈은 나이가 든다고 저절로 생기지는 않습니다. 먼저 내가 자신을 보는 눈을 키워야 타인에 대해 보는 눈이 생깁니다. 의외로 나이가 서른을 넘어도 내가 어떤 사람인지 모르는 경우가 많습니다. 성격에 대해 물어봐도 내성적이에요, 남들하고 잘 지내요, 활발한 편이에요 하고 단순하게 대답하는 경우가 많습니다. 무엇을 할 때 진정으로 행복한 사람인지에 대해 알지 못합니다. 추구하는 가치, 철학, 인생관에 대해서 생각해 본 적도 없습니다. 나에 대해 모르니 연인을 고를 때도 마찬가지입니다. 대충 나의 생활 영역의 반경에 있는 사람 중에 나에게 호감을 느끼거나 내가 호감을 느끼는 사람과 만나 연인이 됩니다. 20대에는 당연히 그럴 나이이지만 30대가 되어도 여전히 20대와 똑같은 방식으로 만나고 비슷한 패턴으로 연애를 하게 됩니다.

사람은 본인이 경험한 세상이 전부인 줄 아는 존재입니다. 특히나 인간관계에서는 내가 경험한 사람들과의 관계가 내가 앞으로 맺게 되는 관계의 미니멈과 맥시멈을 결정합니다. 비슷한 사람들과 한정적인 행동반경 내에서 만남과 헤어짐을 반복하고 살게 되는 거지요. 어느 연상연하 커플이 유튜브에서 "고만고만한 사람들끼리 만나서 고만고만하게 살아요"라는 오프닝 멘트를 했던 것이 떠오릅니다. 내가 먼저 좋은 사람이 되어야 좋은 연인을 만날 수 있다는 말은 그래서 진리입니다. 예를 들어 내가 다니는 새벽에 여는 영어 학원에서 남친을 만난다면 나와 비슷하게 인생을 열심히 살고 노력하는 사람을 만나게 되는 겁니다. 또한 내가 세상의 여러 이슈에 관심이 있어 나름대로 유기견 봉사 활동도 다니고 공정무역 커피도 열심히 사 먹는 사람이라면 역시 나와 비슷한 가치관과 철학을 가진 사람을 만나게 될 가능성이 큽니다. 내가 어떤 사람인지 자신을 들여다보는 눈이 있고, 그 눈을 바탕으로 타인이 어떤 사람인지 꿰뚫어 보는 눈도 생깁니다. 그런 연후에 나에게 어울리는 세상에 나를 가져다 놓으면 그 세상에서 나하고 합이 잘 맞는 연인을 만나게 되는 거지요.

30대란 시기는 나의 인생을 살아야 하는 시작점입니다. 20대에는 사회에서 부여하고 남이 옳다고 여기는 인생을 쫓게 되기 쉽다지만 30대에도 실은 20대와 비슷하게 사는 경우가 많습니다. 남들 다하는 결혼을 이때쯤 해야 할 것 같고, 아파트 청약에 매진해야 할 것 같고, 애는 한 명 내지 두 명을 낳는 것이 적당할 것 같고 하면서 삽니다. 20

대의 연장으로 사회에서 바람직하다고 여기는 인생을 답습하는 거지요. 연애도 마찬가지입니다. 여자가 30대가 되면 선택의 폭이 좁아지고 새로운 누군가를 만나기도 어려워지며, 오래된 연인과 헤어졌을 때의 주변의 시선이나 나의 내상 또한 깊습니다. 그러나 이는 역시 남이 부여한 세상에서 이렇다더라는 가치입니다. 연애 시장에서 여자의 외모와 젊음이 남자의 부와 치환된다는 진화심리학 관점도 윗세대가 우리에게 부여한 가치이지요. 특히나 내가 가진 것이 빈약할 때 이 진화심리학의 논리는 내 삶을 지배합니다. 대충 발맞추어 따라가면 중간은 간다는 것을 유구한 인류의 역사가 증명해주니까요. 외모와 젊음밖에 내세울 것이 없고 앞으로 내가 혼자서 당당히 내 인생을 살 자신이 없는 경우 발 빠르게 결혼시장에 들어가는 건 어쩌면 현명한 선택이 될 수 있습니다.

그러나 진정한 성인이고 사회인이라면 30대가 되면 진정한 내 것이 많아져야 합니다. 인생의 터닝 포인트로 직업에 대한 고민도 진지하게 해야 하고, 내가 진정 원하는 인생의 방향으로 잘 살고 있나 고민도 해야 합니다. 그리고 사회가 부여한 인생 말고 나만의 시즌2의 인생을 모색해야 합니다. 이렇게 열심히 살고 있는 30대의 연애는 어렵습니다. 사람을 보는 눈이 나도 모르는 새 키워져서 20대는 안 보였던 그 사람의 인성도 보입니다. 외적인 스펙은 나무랄 데 없지만 나와 세상을 바라보는 관점이 달라 연애든 결혼이든 삐그덕 댈 것이 눈에 보입니다. 여태껏 쌓아온 나의 커리어를 결혼이라는 이름으로 포기하고 싶지 않은 욕심도 있기에 이를 존중할 사람이면 좋겠다는 옵션까지 붙습니다.

이리 따지는 것이 많아서 어찌 연인을 만나냐고 항의를 하는 분들도 계실 겁니다. 자, 우리는 우리 인생을 행복하게 하기 위해서 연인을 만나고 결혼을 하는 것이지 연인이나 결혼을 위해 나를 포기하고 타협하고 사는 존재는 아닙니다. 30대 이후에 내 인생에 대한 책임은 오롯이 내가 진다고 생각하면 더 이상 나이는 걸림돌은 아닙니다. 연애의 데드라인은 더더욱 아닙니다.

나의 외적 자아와 내적 자아를 확장시키고 발달시키려고 노력하다 보면 남의 외적 자아와 내적 자아를 보는 눈도 커집니다. 나의 세상도 크고 넓어집니다. 연애나 결혼은 필수 아닌 선택 사항으로 자리매김을 하게 됩니다.

우리는 나이가 들수록 더 열심히 연인을 고르고 따져야 합니다. 그건 내가 그만큼 세상을 보는 눈이 성숙되었음을 얘기합니다.

스스로를 알며 사랑할 줄 아는 이에게
행복의 한계선이란 없다.

There is no limit to happiness for those
who know and love themselves.

안 만나는 건지
못 만나는 건지

도대체 인연을 어디서 만나야 하는지 알 수가 없습니다. 나의 진정한 소울메이트는 어디서 뭘 하고 있는 걸까요? 나는 어떤 노력을 해야 할까요? 잘 알려진 우드리^{Richard Udry}의 배우자 선택 과정의 '여과망 이론^{filter theory}'을 잠깐 소개해드립니다.

근접성의 여과망	지리적으로 가까이 살거나 접할 기회가 많은 사람
매력의 여과망	인성, 외모, 능력 등에서 서로 호감을 느끼는 사람
사회적 배경의 여과망	인종, 연령, 직업, 사회경제적 수준 등 유사한 사회적 배경을 지닌 사람
의견 일치의 여과망	정치, 경제, 사회 등에서 유사한 가치관을 지닌 사람
상호보완성의 여과망	서로의 욕구와 필요를 만족시킬 수 있는 사람
결혼 준비 상태의 여과망	실제적, 심리적 결혼 준비가 된 사람

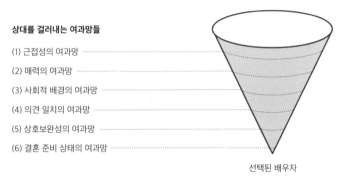

모든 가능한 데이트 상대들

상대를 걸러내는 여과망들

(1) 근접성의 여과망 ··

(2) 매력의 여과망 ···

(3) 사회적 배경의 여과망 ··································

(4) 의견 일치의 여과망 ····································

(5) 상호보완성의 여과망 ·································

(6) 결혼 준비 상태의 여과망 ····························

선택된 배우자

　　우리가 사랑하는 과정을 거쳐 결혼에 이르는 과정은 이리 복잡다단합니다. 여과망의 필터에 스스로도 알 수 없는 무의식의 복잡함도 더해져 연인을 고르고 결혼하게 됩니다. 이 여과망 이론의 유용성은 현재 평탄하게 살고 있는 부부들을 보면 여과망을 잘 통과한 커플이 많다는 데서 알 수 있습니다. 반대로 관계에서 갈등을 빚고 있는 부부들을 보면 이 여과망의 필터를 적어도 하나 이상 통과 못 했고요.

　　일단 부부상담에서 가장 많이 접하고 가장 어찌 할 방법이 없는 건 서로 애정이 전혀 없는 경우입니다. 두 번째 여과망인 '매력'이 유지되지 않았기 때문이지요. 또 세 번째 '사회적 배경', 네 번째 '의견 일치'로 인한 갈등 상황은 너무나 많습니다. 각자 가부장적 분위기와 민주적인 분위기의 가정에서 자란 부부가 만나 가치관의 충돌을 일으키는 일은 명절의 단골 레퍼토리니까요. 다섯 번째, 연인 및 부부도 역시 인간관계인지라 기브앤테이크의 원활한 '상호보완'이 이뤄져야 사랑이 유지되기가 훨씬 수월합니다. 누군가가 일방적으로 희생하면 그 관계의 균열이 시작되니까요. 여섯 번째 '결혼 준비 상태' 여과망은, 덜컥 임신을 하게 되어 부랴부랴 결혼한 커플이 살면서 서로에게 불행함의 원인을 투사하며 갈등을 빚게 되는 경우를 예로 들 수 있습니다.

그런데 잘 생각하면 이 여과망들에서 우리가 어떻게 해볼 수 있는 건 첫 번째 '근접성', 두 번째 '매력' 정도입니다. 좋아하는 사람에 맞추어 나의 배경이나 정치관을 바꿀 수도 없고 금수저 부모로 갈아탈 수 있는 건 아니니까요.

저는 여기서 첫 번째 '근접성'의 여과망에 대해서 말씀드리려고 합니다. (매력의 여과망은 p. 260에서 말씀드립니다.) 누군가를 만나 사랑하고자 할 때, 우리는 세상을 향해 열려 있는 마음을 가져야 합니다. 실은 연인을 만날 때뿐만 아니고 친구와 가족 혹은 세상을 향해 활짝 열린 마음은 나를 행복하게 해줍니다.

절세 미녀쯤 되어야 남자가 따를 것 같지만, 의외로 거절당할까 두려운 마음에 본인에게 호감을 조금이라도 표하는 여자에게 대시를 하는 남자들이 많습니다. 남자가 먼저 다가오는 것이 밀당의 기본이라 생각하여 좋아하는 남성이 있는데도 호감 표시를 안 하거나 관심 없는 척 구는 분들이 있는데요. 사람은 누구나 자신을 좋아하는 사람을 좋아하며 남성이든 여성이든 거절을 두려워합니다. 흔히 말하는 '철벽녀', '철벽남'들은 그래서 이성과 사랑에 빠질 기회 자체가 적습니다. 흔히 나쁜 뜻으로 얘기하는 '헤픔'의 미학을 저는 말하고 싶습니다. 무분별하게 헤픈 것이 아닌 좋아하는 상대를 향해 분별을 가지고 품위 있게 헤프게 구는 긍정적인 헤픔입니다. 즉 좋은 플러팅(flirting)을 하는 것을 의미합니다.

첫째, 부담 없이 주고받는 가벼운 대화에 적극적이고 긍정적인 피드백을 해야 합니다. 이건 연인 아닌 일반적 대인관계에서도 꼭 필요한 일입니다. 예를 들면 누군가가 신경을 써서 스카프를 매고 오면 "와! 스카프가 너무 예쁘네요"라고 칭찬하는 마음을 말합니다. 누군가가 축하받을 일이 있으면 사심 없이 "와! 좋으시겠다"라고 하는 것을 말합니다. 혹은 "장마가 오래가네요. 출근하실 때 비가 많이 오던가요?"라고 일상적인 대화에서 내 마음을 여는 것을 말합니다. 이런 대화는 "저녁에 시간 있어요?" 같은 직접적인 작업 멘트보다도 나의 호감이 상대에게 자연스레 전달되도록 해줍니다.

두 번째로 필요한 것은 적절한 '자기 개방self-disclosure'입니다. 사람이 서로 친해지기 위해서는 이름, 성별, 직업 같은 누구나 알 법한 것 외에 그 이상의 정보를 나누는 것이 필요합니다. 나의 취미가 뭐며 종교가 뭐며 내가 좋아하는 애완동물은 뭐며 나의 사적인 정보에 대해 기회가 있을 때 알려야 합니다. 또한 그의 사적인 정보에 대해 자연스레 관심을 기울여봅니다. 이런 자기 개방이 확대되면 개인적인 고민이나 콤플렉스, 남에게 말하기 어려운 가족사 같은 것들까지 서로의 세계를 공유하게 되고 그러면서 그와의 관계는 한 발짝씩 나아가는 것입니다.

이처럼 적어도 근접성의 여과망을 통과하려면 우리는 타인을 향해 나의 세상을 열어놓아야 합니다. 그 과정 자체가 연애로 이어지지는 않더라도 나의 삶을 더 확장시키고 레퍼토리를 풍부하게 해줍니다. 적당한 수준의 타인에 대한 관심은 세상을 아름답게 만드니까요. 아버지가 위암 투병을 해서 병원에 모시고 가느라 월차를 냈는데 무심코 월차 이유를 묻는 옆 동료에게 "초기 위암이라서 수술만 간단히 하시면 된대"라고 답했고, 한 달 뒤에 탕비실에서 단둘이 있게 됐을 때 아버지 안부를 묻는 그 동료가 새삼 심정적으로 가깝게 다가오게 됩니다.

위에서 얘기한 우드리의 여과망 이론에 저는 저만의 여과망 이론을 말하고 싶습니다. 세상 사람들에서, 동료에서, 연인으로 가는 사적인 여과망을 통해 나의 연인을 만날 수 있다는 것을 말입니다. 타인을 향한 개방성과 진정성이 나의 연인을 만드는 길이라는 것을 말입니다.

우리가 누군가와
사랑에 빠지는
3가지 이유

재벌2세의 관심을 끌고 싶다면 다짜고짜 따귀를 때리라는 우스갯소리가 있습니다. '나에게 이런 여자는 네가 처음이야'라는 호기심을 유발하여 그가 경험하지 못한 새로운 세상을 알려주면 결국 사랑에 빠지게 된다는 겁니다. 재벌2세와 서민, 현대판 로열패밀리와 신데렐라이야기는 지금도 대중의 시선을 잡아끄는 인기 있는 설정입니다. 여기엔 '친구나 연인을 선택할 때, 우리는 자신과 다른 특성을 가진 사람을 가장 매력적으로 느낀다'라는 전제가 깔려 있는데, 실제로는 어떨까요?

정반대로, 우리는 자신과 비슷한 사람을 좋아합니다. 연애도 연인 관계이기 이전에 인간관계가 먼저입니다. 흔히 동성 친구들을 보면 나와 비슷한 성향의 사람들끼리 유유상종으로 모이게 됩니다. 서로 이해하기 쉽고 공감도 잘 되고 함께할 수 있는 취미나 대화 주제도 풍부하기 때문입니다. 편하기에 쉽게 나를 오픈하게 되고 그래서 점점 더 사이가 돈독해집니다. 또한 우리가 나와 같지 않은 사람을 만나면 뭔가 꺼려지고 편치 않은 마음에 나를 오픈하지 않게 됩니다. 연애 관계에서도 마찬가지로 우리는 비슷한 사람에게 끌립니다. 이를 '유사성 효과similarity effect'라고 합니다. 호감에 관한 연구를 아주 오랫동안 해온 미국의 심리학자 돈 번Donn Byrne이 진행한 실험이 있습니다.

20대 초반 대학생들을 대상으로 각자의 태도를 분석하고 서로의 외모 수준을 평가하도록 했습니다. 그런 다음, 절반의 학생들은 태도가 비슷한 사람끼리, 나머지 절반은 상반되는 사람끼리 짝을 지어주었습니다. 커플의 데이트가 끝난 뒤 만족도를 측정하자, 태도가 비슷한 커플은 상반되는 커플에 비해 서로에게 더 큰 호감을 가진 것으로 나타났습니다. 특히 상대방과 태도도 비슷하지만 상대방의 외모 점수가 높았던 경우에 만족도 점수가 최고에 달했습니다.

번은 다른 방식으로도 실험했습니다. 실험참가자들에게 정치적인 성향, 신의 존재, 신념, 가치관 등에 관한 설문지를 작성하게 한 뒤, 맞은편에 앉은 참가자의 인상이 어떠냐고 물어보았습니다. 그러면서 맞은편 참가자가 작성한 설문지라며 절반에게는 비슷하게 꾸민 설문지를 보여주고, 나머지 절반에게는 상반되게 꾸민 설문지를 보여주었습니다. 결과는 예상한 대로였습니다. 비슷한 태도의 비율이 높을수록 호감은 매우 컸습니다. 성장 배경, 성별, 나이에 상관없이 여러 집단에서 동일한 결과를 얻었습니다. 여타 학자들의 연구에서도 본인과 비슷한 외모이거나 심지어 이름이 비슷할 경우에도 호감을 느낀다는 연구가 있습니다.

실제로 오래 산 부부들이 서로 얼굴이 닮았다는 이야기를 듣습니다. 연구에서는 비슷한 외모끼리 호감을 느껴 결혼했기 때문에 그런 것이다, 살면서 같은 정서를 느끼기 때문에 드러난 얼굴 표정이 비슷해지는 것이다 의견이 분분합니다. 얼굴만 비슷해지는 것이 아닙니다. 가치관과 철학도 닮아갑니다. 쓰는 어휘도 닮아갑니다. 심지어 지능까지도 비슷해집니다. 이처럼 사랑하는 사람들끼리의 주고받음은 생각보다 많은 영향을 미칩니다.

그런데 우리는 때로 나와 매우 다른 면모를 가진 사람에게 끌리기도 합니다. 과묵한 남성이 발랄한 여성에게 끌린다든가 순종적이고 다소곳한 여성이 자신감 강하고 능력 있는 남성에게 끌리는 것처럼요. 아, 역시 재벌2세의 따귀는 일단 때리는 게 진리인가?라고 생각들을 하실 텐데요. 이 경우 다름의 면모는 단지 너와 내가 다르다는 '차이'가 아닌 내가 못 가진 부분이나 갈망하는 부분에 대한 '보완'의 의미입니다. 이를 '상보성의 원리 complementarity principle'라고 합니다.

실제로 우리는 내가 못 가진 걸 가진 사람을 부러워하며 매력을 느낍니다. 혹은 나와 정신적, 물질적 도움을 주고받을 수 있는 관계의 사람에게 호감을 느낍니다. 연애 관계에서도 마찬가지입니다. 미국의 심리학자 보웬$^{Murray Bowen}$은 심리적 성숙도가 높을수록 자신과 비슷한 사람에게 끌리는 반면 심리적으로 미성숙한 사람일수록 다른 측면을 갖는 사람에게 끌린다고 말합니다. 이는 내가 나를 별로 좋아하지 않을 경우 나와 다른 모습을 가진 사람을 찾는다는 겁니다.

마지막 세 번째는 '상호성의 원리$^{reciprocity principle}$'입니다. 인간관계의 기브앤테이크를 말합니다. 사람은 나를 좋아하는 사람을 좋아합니다. 또한 나에게 적대적인 사람은 나도 싫어합니다. 또 나에게 호의를 베푼 사람에게 나도 기꺼이 베풀게 됩니다. 이를 '호의의 보답성'이라고도 합니다. 그래서 만일 누군가의 호감을 얻고 싶으면 먼저 잘해주면 됩니다. 연애 초반에 특히나 서로가 노력을 많이 하는 부분이지요. 왜 그 사람하고 연인이 되었냐는 질문에 "나에게 너무 잘해줘서"라고 답변하는 경우도 봅니다. 또 나를 이성으로 안 느끼던 사람이라도 내가 그 사람을 좋아해서 은근슬쩍 잘해주면 거기에 호감을 느껴 나를 좋아하게 되기도 합니다. 특히 남성이 여성에게 잘해줄 경우 유사성과 상보성이 없더라도 연인으로 발전되는 경우가 종종 있습니다. 자, 우리는 이렇게 사람이 사람을 좋아하게 되는 세 가지 이유를 살펴보았습니다. 그럼 어찌하면 그 사람이 나를 좋아하게 되는지 방법을 한번 알아봅시다. 투 비 컨티뉴(To be continued)……

그 사람도 나를
좋아하게 하는
방법이 있나요?

네, 있습니다. 바로 앞에 얘기한 유사성, 상보성, 상호성이 잘 작용하면 연인과의 애정도 동성과의 우정도 쉽게 만들어 낼 수 있습니다. 그뿐이 아닙니다. 이 원리를 잘 알고 있으면 물건을 사는 고객에게 나에 대한 호감을 불러일으켜 회사의 판매왕이 될 수도 있습니다. 상사들에게 이런 원리를 잘 적용하면 직원 고과평가에서도 유리하게 적용되어 남들보다 빠른 승진 코스를 탈 수 있습니다. 다 인간관계의 하나이기 때문입니다.

예를 들어봅시다. 나와 정치색, 종교, 삶의 가치관이 비슷한 A가 있습니다. 그런데 이 A는 노래도 잘 부르는 재능이 있어서 친구들과

밴드를 조직해 가끔 홍대 지하 클럽에서 공연도 합니다. 지금은 평범한 회사원이긴 하지만 나도 실용음악과를 졸업한 사람이어서 가수의 꿈을 꿀 때도 있었습니다. 그래서 자기 본업을 하는 틈틈이 노래를 부르는 A가 너무 멋있어 보입니다. 나에게 지금이라도 보컬트레이닝을 받으면서 너의 장점을 살려보라는 권유도 해줍니다. 처음에는 그런 A가 어찌 나 같은 사람을 좋아하겠어 지레 포기하고 있었는데 어느 날 회식 자리가 파하고 같은 방향의 택시를 탔는데 굳이 집 앞에까지 데려다줍니다. 또 내가 피곤해서 집중이 떨어질 때 탕비실에서 자기 몫의 커피를 타면서 내 것까지 챙겨 종이컵에 타줍니다. 이런 일들이 쌓여가며 나와 A는 연인이 됩니다. 뭐, 우리의 연애사들이 대충 이런 거 아니겠습니까?

물론 이처럼 유사성, 상보성, 상호성이 골고루 섞인 경우도 있습니다만 우리 인간은 어느 한 부분만 있더라도 사랑에 빠지곤 합니다. 서로 좋아하는 작가를 얘기하다가 같은 작가의 팬이라는 공통점을 알게 되어 긴 시간 지치지 않고 수다를 떨게 되는 날처럼요. 또 부모에게 푸대접을 받으며 살아온 내게 다정함이 몸에 밴 것 같은 사람의 호의가 커다랗게 느껴지고 그의 손을 망설임 없이 잡게 되는 것처럼요.

이처럼 사랑의 시작에서 우리는 유사성, 상보성, 상호성 중 다른 면은 20점, 45점일지라도 95점인 한 가지에 확 빠지기도 합니다. 비이성적이고 비합리적으로 사랑이 시작되기도 하니까요. 물론 사귀면서 이 세 가지가 어느 정도 골고루 있지 않으면 그 사랑에 힘들어하고 지치며 사랑이 식기도 하지만 그건 먼 미래의 문제입니다.

　이 법칙들을 잘 사용하면 내가 좋아하는 사람이 나를 좋아하게 할 수 있습니다. 일단 그에게 잘해주는 것은 쉽습니다. 내 모든 스케줄을 그에게 맞춥니다. 나는 쉬고 싶은데 술을 마시자는 그의 요구에 꾹 참고 나갑니다. 그의 생일에 생전 처음으로 샌드위치를 만들어 회사 부서원 수만큼 보내거나 이틀 내내 구운 쿠키를 열심히 포장해서 회사 점심시간에 맞추어 퀵 오토바이로 전하는 수고로움도 감수합니다. 이에 그가 감동받아 우리의 사랑이 더 깊어질 거라 믿어 의심치 않으면서요.

　또 가끔 우리는 연인에게 깜찍한 여우짓을 할 때도 있습니다. 야구를 좋아하는 남친을 따라 마치 나도 야구를 좋아하는 양 합니다. 이런저런 자료를 찾아보며 선수들의 행보와 스펙을 달달 외웁니다. 잠실야구장에 갈 때 입을 팀 유니폼 티셔츠도 하나 사놓고 남친과의 야구장 데이트를 성공적으로 보내기 위해 노력합니다. 내 여자친구가 교회 청년부에서 열심히 활동하는 사람이라면 신앙에 하나도 관심이 없으면서 꼬박꼬박 교회에 나갑니다. 결혼까지 생각하는 여친의 부모님이 사윗감으로 교회에 열심히 다니는 사람을 원한다는 말에 이왕이면 교회 합창부까지 들면서 여친 부모님의 눈에 잘 보이기 위해 노력하게 됩니다. 상대방과의 유사성과 상호성을 위해 노력하는 거지요.

　다만 조심해야 할 점은 상호성을 위해 노력할 때 나를 과하게 희생하는 것입니다. 또한 유사성을 위해 솔직하지 못한 모습을 꾸며내는 것입니다. 이 두 가지 요소는 어느 순간 연인이 잡힌 물고기가 되었다고 느끼는 순간 탁 손을 놔버리게 되는 이유입니다. 그래서 많은 인터넷 게시판에 연인이 변했다는 하소연이 오르는 겁니다.

인간은 생긴 대로 살 수밖에 없으며 원래의 나로 사는 것이 가장 행복한 법입니다. 육식 동물이 잠깐 풀을 뜯을 수도 있지만 결국 고기를 먹게 되고, 그게 그 동물답습니다. 그는 변한 것이 아니고 원래 그런 사람인데 나에게 잘 보이기 위해 본모습을 가리고 살았던 겁니다. 그래서 연인을 평가할 때 풀을 뜯는 모습을 진정한 연인의 모습이라 생각하면 안 됩니다. 나 또한 마찬가지입니다. 그러니 나를 있는 그대로 보여주고 그 또한 그리 할 때 우리는 진정하게 궁합이 잘 맞는 커플이 될 수 있습니다.

또 우리가 노력을 소홀히 하는 부분은 바로 상보성입니다. 상호 보완이 되려면 내가 상대방에게 어필되는 능력을 먼저 갖춰야 가능합니다. 결국은 나만의 매력을 혼자 갈고 닦아야 한다는 겁니다.

그 사람이 일하는 모습에 홀딱 반했는데 사실은 나태한 '월급 루팡'임을 알게 되었을 때 그에 대한 매력은 급격히 떨어집니다. 실제로 자기 직업에서 최선을 다해 능력을 발휘하는 모습은 사람을 반짝반짝 빛나 보이게 합니다. 또한 누군가에게 정서적이거나 실제적인 도움을 줄 수 있는 능력은 정말 온전히 그 사람만이 가진 오롯한 영역입니다. 성격의 자상함이 되었든 사회적 능력이 되었든 말입니다.

그런데 많은 연인들이 상대에게 잘해주고 그와 공통점을 찾아서 친해지려는 욕심에 이 부분은 소홀히 합니다. 실은 매력 있는 사람은 유사성과 상호성이 나에게 향하지는 않더라도 혼자 고고히 향을 내는 영롱한 장미와 같습니다. 예를 들자면 우리가 연예인이나 셀럽들의 팬이 되는 이유는 바로 나에게 어필하는 그들만의 매력 때문입니다. 기꺼이 팬심을 품으며 스스로 넓고도 깊은 덕질에 세계에 풍덩 빠지게 되지요.

저는 사랑을 하는 많은 연인들에게 물어보고 싶습니다. 현재 나만이 가진, 그리고 연인 관계가 끝나더라도 내가 내세울 수 있는 그런 매력이 있으신지요? 그리고 그 매력을 갈고 닦으면서 열심히 자기 발전을 하고 있으신지요?

연인에게 가장 당당할 수 있는 부분은 바로 이 상보성 부분입니다. 드라마 〈파리의 연인〉에서 박신양이 음료수를 쏟은 자기 여친에게 난리 치는 남자를 붙들고 옷값을 변상하겠으니 그 입을 닥쳐라 할 수 있었던 것도 그가 가진 재력 덕이었습니다. 평소 자기 일이 바빠 나를 그다지 잘 챙겨주지 못하지만, 나의 여친은 오케스트라 공연에서 첼로를 멋들어지게 연주해냅니다. 정장을 차려입고 큰 장미 꽃다발을 들고 그녀가 공연을 마친 뒤 나오길 기다리는 시간에는 여친에 대한 자랑스러움과 사랑이 저절로 솟아나게 됩니다.

저는 모든 연인들이 유사성과 상호성에 내한 과한 투자를 하면서 왜 이 상보성에 대한 투자, 즉 정확히는 내 자신의 능력과 매력을 갈고 닦는 부분에 대한 노력을 덜 하는지 안타깝습니다. 이 부분이야말

로 내 연인에게 나의 매력을 어필할 수 있는 가장 큰 파워를 가진 영
역인데 말입니다.

CHAPTER

6

내일의 나

당신도 좋은 사랑을
할 수 있다

Love

Myself

더 좋은 인연을
만나기 위한
준비들

사람들이 하는 고민의 절반은 대인관계에 대한 고민입니다. 최근에 일어난 가장 괴로운 일을 꼽으라면 절반의 사람들이 중요한 사람과의 갈등이나 이별을 꼽습니다. 특히나 연인과의 갈등이나 이별은 누구나 한 번쯤 겪는 고통입니다. 그럴 때 여러 가지 질문이 마음속에 떠오르게 됩니다.

'왜 연애를 하는데 나는 행복하지 않은 거지? 남들은 좋은 사람 만나 예쁘게 연애를 하고 결혼에 골인하기도 하는데 왜 나는 혼자지? 내가 매력 없는 사람인 거 아냐?'

이런 질문들은 처음엔 현재 연인과 지나간 연인과 혹은 주변 이성들에 대한 의문으로 시작하지만 결국에는 나 자신에 대한 의문으로 귀결됩니다. 인간은 좋든 나쁘든 자기중심적인 면이 있기에 당연한 현상입니다. 이 의문들을 열심히 고민하고 실타래를 풀다 보면 스스로 정답을 낼 때가 있습니다.

'아, 내가 자존감이 낮아서 스스로에 대한 평가가 박하구나', '남자의 능력을 많이 중요시해서 그 위주로 연인을 골랐는데 왜 행복하지 않지? 알고 봤더니 나는 그보다는 자상하고 따뜻한 사람이 잘 맞는구나', '나는 누군가를 내 영역 안으로 들이는 것을 힘들어하는 사람이구나' 하는 방식으로 말입니다.

이런 자기 성찰은 내 인생을 성장시키기 위해 꼭 필요합니다. 자기 성찰이란 나를 객관적으로 바라보는 눈을 갖는 겁니다. 그리고 그 과정은 행복하다기보다는 괴롭고 힘이 듭니다. 왜냐하면 우리가 즐겁고 좋은 일에 자기 성찰을 하지는 않습니다. 아파트에 당첨이 되었다든가 공모전에 붙었다든가 애쓴 프로젝트를 성공적으로 마쳤다면 그 순간을 만끽하며 즐기면 됩니다. 하지만 내 인생의 중요한 지점에서 힘든 일을 겪을 때는 곱씹고 곱씹게 됩니다. 그러나 이것이 진정한 자기 성찰은 아닙니다. 어느 누가 나에게 어떤 짓을 저질러서 내가 지금 이 모양 이 꼴이 되어 힘들게 사는거야 하는 얘기를 되풀이하며 세상과 타인에게서 원인을 찾고 원망하면서 삶을 보내거나, 내가 너무 못나서 내가 바보같아서 라는 과도한 자기 비하를 하기도 합니다. 두 가지 다 나를 제대로 들여다보는 객관의 눈은 없습니다.

사람은 힘든 일에 맞닥뜨릴 경우 각자만의 생각과 행동의 패턴이라는 것이 있습니다. 누군가는 원인을 찾는 사람이 있고 누구는 해결책을 먼저 생각합니다. 실은 해결책을 생각하는 것이 가장 좋은 방식이긴 하나 쉽지는 않습니다. 타고나기를 감정을 배제하고 이성의 힘이 잘 발동되는 사람이거나 혹은 나이가 어느 정도 들어 성숙함이라는 것이 생긴 사람들이 하는 방식이니까요. 대부분의 평범한 사람들은 주로 원인을 찾습니다.

원인을 찾을 경우에 '내가 못나서 그런 거야'라는 방식으로 과도하게 자기 자책과 비난을 하는 사람도 있습니다. 주로 평소에 가지고 있는 '자기 개념 self-concept'이 튀어나와, 벌어진 일 자체가 아닌 나라는 인간 전반에 대한 평가를 스스로 해버리는 겁니다. 이처럼 자기 자책과 비난으로 단지 곱씹고 곱씹는 것은 나는 못난 사람이라는 열등감과 자기 개념을 다시 한 번 확인하고 굳건히 하는 과정입니다. 해결책으로 나아가지 못하고 그 자리에서 뱅뱅 맴돌게 됩니다. 이에 비해 자기 성찰은 '내가 일이 바빠서 연인에게 신경을 못 썼구나', '나랑 연인은 아무래도 성격이 안 맞는 것 같다'는 객관적인 평가를 하는 것을 말합니다. 자기 성찰로서의 원인 찾기는 해결책으로 나가기 위한 전조 단계입니다.

자기 성찰의 눈은 정신의학으로는 '심리학적 마음자세 psychological mindedness'라고 합니다. 정신과 의사들은 정신분식을 받기 희망하는 사람들 중 자기 내면 깊숙한 무의식을 들여다보고자 하는 심리적 마음자세를 가지고 있는 사람만이 치료 효과가 있다고 봅니다. 그래서 처음에 정신분석을 받을 만한 역량이 되는 사람인지 아닌지 구별을 하게 됩니다. 이것이 없을 경우 자신을 들여다보는 능력이 부족하여 정신분석이 그리 효과적이지 못하다는 거지요.

또 다르게 표현하면, 병이 있다는 것을 스스로 알고 있음, 즉 '병식 insight'을 갖는다고도 할 수 있습니다. 이 병식은 스스로 병이 없다고 부정하는 낮은 단계부터 시작하여 머리로도 알고 가슴으로도 느껴 스스로 적극적 치료에 임하는 높은 단계까지 다양합니다.

1단계 완전한 부정

2단계 도움이 필요함을 알지만 동시에
부정하게 되는 약간의 의식

3단계 문제가 있음을 알지만 외부 요인 등
다른 요인을 탓하는 투사의 수준

4단계 병이 있음을 알고 그것이 확실치 않은
자신의 문제임을 인식하는 수준

5단계 병이 있고 환자 자신의 문제로 적응에 실패하고 있음을
인식하지만 이를 미래에 적용시키지 못하는 지적인 병식

6단계 환자 내부의 동기와 느낌에 대해 정서적인 인식을 가지며,
이로 인하여 행동의 변화를 가져오게 되는 진정한 병식

자기 성찰, 심리학적 마음자세, 병식 등 여러 분야에서 각기 다른 용어로 쓰이지만 의미는 비슷합니다. 사랑에서도 이런 자기 성찰을

해서 나를 아는 것이 내 성숙의 시작입니다. 그래야 나쁜 연애를 했던 사람도 다음번에는 행복한 연애를 할 수 있습니다. 내가 어떤 사람인지 먼저 알아야 어떤 상대방을 원하는지 알 수 있습니다. 내가 원하는 삶의 색깔과 모양을 알아야 그가 원하는 삶의 색깔과 모양을 맞추어보며 조율을 할 수 있습니다. 그래야 이 세상이라는 곳에서 나라는 존재가 나의 연인과 함께 마음껏 날아오를 수 있습니다.

너를 사랑한다는 것은
나를 알아간다는 것이다.

To love you is to get to know me.

다시
누군가를 만나
사랑할 수 있을까?

내 심장을 떼어주어도 아깝지 않을 사랑이 결실을 맺지 못하고 떠나가게 됐을 때, 우리에겐 다신 이런 사랑을 못 할 것 같은 생각이 듭니다. 다른 사랑이 내 곁을 지키게 되었을 때도 뭔가 예전의 그 사랑처럼 마음이 타오르지 않습니다. 하나도 계산하지 않고 맹목적인 사랑을 했었는데 지금은 이것도 저것도 따지게 됩니다. 자꾸만 전 애인과 비교해서 지금 연인의 단점이 부각되게 느껴집니다. 결론은 왠지 지금의 사랑은 진정한 사랑이 아닌 것처럼 느껴집니다.

실은 우리가 갖는 사랑에 대한 비현실적인 신념이 몇 개 있습니다. '뜨겁고 열정적인 사랑이 없으면 내 삶은 무의미하다', '진정한 사랑은 평생에 한 번밖에 할 수 없다', '강렬한 낭만적 사랑은 영원히 지속되고 결혼으로 이어진다', '항상 사랑받고 있다는 느낌이 있어야 진짜다', '사랑에 실패하면 오랫동안 헤어나오지 못할 것이다' 등의 신념 말입니다. 아마 내가 하는 생각이랑 똑같네라며 무릎을 치고 계신 독자분들도 계실 겁니다.

분명한 건 내 인생의 '진짜'였다고 생각하는 그 지나간 사랑은 두 번 다시 오지 않을 건 맞습니다. 그 당시의 나와 그 사람과, 그 사람과 나의 관계를 다시 겪지 못하는 건 맞습니다. 그리고 우리는 과거의 그 사람만큼 잘난 사람을 못 만나기 때문일 거라고 앞으로 만날 상대방을 탓할 준비를 갖추게 되는 거지요.

자, 여기서 팩트 체크 들어갑니다. 왜 나는 그 진짜 사랑과 결말을 고하게 되었나요? 분명 나와 그, 둘 사이의 관계에 변화가 있었기 때문일 겁니다. 아니면 누군가 외부인이 들어와서 두 사람의 관계에 금이 갔을 수도 있고요. 그러나 그와 나 사이가 깨진 것은 냉정히 누구의 탓은 아닙니다. 어제의 나와 오늘의 나가 하루하루 다르게 성장하고 있기 때문입니다. 나도 성장하고 너도 성장합니다. 둘 사이의 관계도 성장합니다.

예를 들어 대학교 때 캠퍼스 커플로 만나 연애를 했다고 칩시다. 각자 졸업 후 사회생활에 들어가면 연애는 분명 달라집니다. 데이트만 해도 다소 넉넉해진 호주머니로 둘이 가는 밥집과 술집도 달라질 거고요. 사회적 자아로 성장하면서 나를 둘러싼 타인들도 달라집니다. 그 성장의 속도가 맞지 않으면 관계의 균열이 가게 됩니다. 이처럼 한 사람과의 관계도 시간과 상황에 따라 끊임없이 달라진다는 사실을 우리는 깨닫지 못하는 거지요.

저는 과거의 그 경험이 단 하나의 사랑이었다기보다 단 하나의 열정이었다고 바꾸어 말하고 싶습니다. 열정적인 측면에서 그런 사랑을 못 할 수도 있습니다. **실은 이런 열정적인 사랑을 할 수 있었던 일은 내가 인생의 크나큰 선물을 받은 것입니다. 정신없이 몰입할 수 있는 누군가가 내 인생에 한 명은 있었다는 그 선물 말입니다.**

바로 그 열정의 힘으로 예술가들은 사랑을 노래하고 시를 썼으며 그림을 그렸습니다. 세계적 화가인 피카소는 그의 위대한 작품 세계와 함께 여성 편력으로 알려졌지요. 그런데 그는 만나는 여인들마다 다 '진짜'라고 느꼈을 겁니다. '뮤즈'라는 호칭을 붙이며 자신에게 예술적 영감을 제공해주는 사람으로 포장하면서요.

이런 모습이 예술가들만의 얘기는 아니고 우리 또한 우리 입맛에 맞게 과거를 각색합니다. 과거의 그 사랑이 진짜 사랑이었다고 말하면서 스스로에게 서사를 부여합니다. 다만 거기서 멈춘 채 과거에 찍은 드라마를 곱씹으며 지금의 사랑을 시시하다 여기거나 다가오는 사랑에 대해 벽을 치지 않았으면 합니다. 지나간 과거는 강물에 흘려보내고 새로이 다가오는 뮤즈에 심취해서 세상이 경외해 마지않는 작품들을 내고 승승장구하는 예술가가 되셨으면 합니다.

앞으로 우리가 만날 사람은 과거의 그 사람과는 다릅니다. 나 또

한 과거의 나와 다릅니다. 그래서 우리가 만들어가는 사랑의 색깔 또한 다릅니다. 과거의 그 사랑은 열정의 레드라고 하면 지금의 사랑은 러블리한 핑크, 서늘한 블루, 차분한 그린, 성숙한 브라운 어느 쪽이든 될 수 있습니다.

열정으로 포장된 사랑만을 진짜 사랑이라 했던 생각에서 벗어나 앞으로 다가올 다양한 온도와 색깔의 사랑을 맞이할 준비를 하세요. 빨강만이 아닌, 지금 하고 있는 사랑의 색깔을 세상에서 가장 아름다운 색으로 만드는 건 오직 나에게 달렸습니다.

외로울 때 만난
사랑에 대하여

1974년 컬럼비아 대학교의 연구진은 흔들다리 효과 실험을 합니다. 캐나다 밴쿠버 카필라노 강의 서로 다른 두 다리에서 이 실험은 진행되었습니다. 첫 번째 다리는 좁은 폭, 길이는 140미터, 높이는 70미터로 심하게 흔들리는 다리였고 두 번째 다리는 높이 3미터에 단단한 삼나무로 만들어진 튼튼하고 안정감을 주는 다리였습니다. 실험에 참여한 18~35세 남성들에게 설문조사를 진행한다는 이유로 여성이 다리 위에서 전화번호를 알려주었습니다. 두 집단의 반응은 눈에 띄게 차이가 났습니다. 흔들다리를 건넌 남성의 50퍼센트가 여성에게 설문조사를 핑계로 전화한 반면, 단단한 다리를 건넌 사람은 12.5

퍼센트만이 전화를 한 겁니다. 즉, 흔들다리를 건너며 심박수가 높아진 남성들은 이러한 생리적 변화를 여성에 대한 호감으로 인식한 겁니다. 이처럼 사람은 심리적으로 불안한 상황에 놓이면 객관성을 잃고 과도한 의미를 부여하기도 합니다.

'007' 시리즈 같은 액션영화를 보면 심장이 쫄깃쫄깃해지는 위기를 함께 극복한 연인들이 마지막에 로맨스로 끝을 맺죠. 일상에서 벗어난 다른 감정 상태로 만나게 된 두 사람이 연인이 될 확률은 평소보다 높아집니다. 학교 MT나 워크숍으로 간 낯선 여행지에서 커플이 탄생하는 일이 많고 내가 어렵고 힘든 순간에 손을 내밀어 준 사람과 더 쉽게 사랑에 빠지지요. 지방에서 서울로 올라와 자취를 처음 시작하면서 직장 상사에게 깨지고 마음이 힘들 때는 친구의 위로보다는 연인의 위로하는 손길이 내 마음을 포근하게 만들어줍니다. 그래서 평소 같으면 별로 생각하지 않았을 사람과 연인이 되기도 합니다. 그럼 이 사랑들은 진정한 사랑이라기보단 외롭고 불안하고 긴장되고 흥분되는 감정 상태의 장난일까요? 007과 본드걸의 사랑은 평범한 일상으로 돌아오면 결국 깨지는 걸까요?

내가 부족함이 없고 삶이 지극히 만족스러우면 타인에 대한 욕구가 상대적으로 적습니다. 내가 뭔가 부족하고 어려움이 있을 때 우리는 타인에게서 친밀감, 유대감을 구하며 이를 극복하려 합니다. 아무래도 사랑에 빠지게 될 기회가 좀 높아진다고 할까요?

나의 외로움과 이를 채워줄 상대방의 따스함은 사랑을 시작하는 단초가 됩니다. 그러나 사랑에 빠지는 것과 사랑을 지키고 유지하고 키워나가는 건 좀 다른 문제입니다. 첫눈에 반해 사랑을 시작했지만 그 사람의 이기적인 면모가 거슬릴 수도 있고 대화가 안 맞아 정이 떨어지기도 합니다. 제가 아는 20대 환자 한 분은 상대가 옷을 자주 갈아입지 않아 냄새 때문에 사랑이 식게 됐다고 해요. 그 반면 이태원 클럽에서 만난 사람과 재미있게 하루 술 마시고 춤추며 놀았는데 인연이 이어져 줄곧 행복한 연인 관계가 된 분도 있습니다.

그래서 외로울 때 만난 사랑이 진짜 사랑이냐 아니냐 논하는 건 별로 의미가 없습니다. 힘들거나 혹은 독특한 상황일 때 연인이 됐어도 진실한 사랑이 될 수도 있고 아닐 수도 있습니다. 시작이 어땠느냐로 일부러 구별할 필요는 없습니다. 두 사람의 시간이 쌓이고 역사가 쌓이고 나의 상황이 바뀌어서 더 이상 외롭지 않을 때 지속이 된다면 그건 진정한 사랑이라고 감히 말할 수 있을 테니까요. 우리는 감feel으로서 저절로 알게 됩니다. 우리가 해야 할 일은 나의 삶을 사랑하며 내 옆에 있는 나의 연인을 진실된 마음으로 현재 열심히 사랑하는 것뿐입니다. 미래의 일은 미래에 맡기고 말입니다.

마음을 모두 던져
마지막처럼
사랑하라

저에게는 사랑에 관련된 인생 영화가 한 편 있습니다. 바로 〈이프온리〉입니다. 많은 분들이 보셨고 절절히 울었고 내 옆에 있는 연인을 다시 한 번 돌아보는 계기가 되었던 그 영화입니다.

이안과 사만다는 연인 사이지만 이기적인 이안은 늘 일이 먼저인 태도를 보입니다. 이안의 투자유치회와 사만다의 연주회가 있던 날, 자신을 뒷전으로 두는 이안에게 서러움을 토로하던 사만다는 택시를 탔다가 교통사고로 목숨을 잃게 됩니다. 슬픔에 휩싸인 이안이 눈을 뜬 다음 날, 마법처럼 사만다가 옆에 있습니다. 그녀를 다시 잃지 않으려고 여러 시도를 해보지만 운명을 거스를 수 없다는 것을 알게 됩니다. 그래서 남은 하루의 시간을 사만다가 원했던 온전한 사랑의 모습을 보여주기 위해 애씁니다. 운명의 시간이 다가오자 이안은 사만다에게 그동안 하지 못했던 사랑 고백을 합니다.

"첫눈에 사랑하게 됐지만 이제서야 내 감정에 솔직할 수 있게 됐어.
나는 늘 앞서 계산하며 몸을 사렸었지.
오늘 너에게서 배운 것 덕분에 내 선택과 내 삶이 완전히 달라졌어.
진정 사랑했다고 한다면 그래도 인생을 잘 산 거잖아?
5분을 더 살든, 50년을 더 살든 말야.
오늘 네가 아니었다면 난 영영 사랑을 몰랐을 거야.
사랑하는 법을 알려줘서 고마워.
또 사랑받는 법도."

이렇듯 이안은 사랑하는 연인과 함께할 수 있는 시간이 단지 하루라는 것을 깨닫자 그동안 자신이 익숙함에 속아 소중한 것의 가치를 무시했음을 깨닫게 됩니다.

우리는 연인과 익숙해지면 습관적으로 관계를 유지합니다. 연인에게 무슨 일이 있는지, 연인이 무슨 마음인지 들여다볼 생각을 하지 않고 나 편한 대로 행동하고 삽니다. 심리학에서는 현재 순간마다 무슨 일이 일어나고 있는지 자각하지 못한 채 그저 기계적으로 행동하는 것을 '자동 조정automatic pilot' 상태에 있다고 말합니다. 명상치료로 유명한 카밧진^{Kabat-Zinn}은 이 자동 조정 상태를 스스로 인식하고 벗어나기 위해 '마음챙김'이라는 심리 치료 프로그램을 제안하기도 했습니다. 이는 내가 무심코 일상적으로 해왔던 생각, 감정, 기타 여러 일에 대해 내가 지금 무엇을 하고 있으며 무엇을 선택했나라는 깨달음을 얻게 합니다. 내가 스스로 선택을 할 수 있는 자유로운 존재라는 것을 알게 되는 것이 이 마음챙김의 핵심입니다. 자신이 현재 무엇을 경험하고 있는지 제대로 알고 체험하자는 것입니다. 이를 일에 적용하면 '내가 진짜로 하고 있는 일은 무엇이며, 지금 내가 처해 있는 상황에서 어떻게 최선을 다할 수 있을까'라는 마음가짐을 말합니다.

생각해보면 우리는 많은 일을 기계적으로 합니다. 마음이 불안해지면 음식을 먹거나 스트레스를 받으면 술을 마시거나 하는 행동이 그렇습니다. 일과 관계를 면밀하게 살피지 못하고 귀찮아하면서 그냥 넘기게 됩니다. 아이들의 경우 새로운 장난감에 열광하고 길거리에 구르는 휴지조각을 보며 웃기다고 데굴거리기도 하지요? 또 새로운 놀이와 장난감에 그때마다 최선을 다해 열중하고요. 슬프게도 어른이 되면서 우리는 이런 능력을 서서히 잃어버립니다. 불안하면 폭식하고 우울하면 술을 마시면서 왜 불안하고 우울한지 살피지 않으며 그냥 자동적으로 안 좋은 습관을 유지하고 살게 됩니다. 연인과의 관계에서도 오래 함께한 사이일수록 생각 없이, 습관적으로 상대를 대할 때가 많습니다. 상대방에 대해 궁금해하지 않고 상대방의 상황에 나를 맞추려는 노력도 덜합니다. 삶의 중심이 나로 옮겨진 상태이자, 과거와 달리 익숙하고 편안한 내 옆의 연인을 덜 존중하는 상태가 되는 겁니다.

지금 사랑을 하고 있는 분이라면 〈이프온리〉를 꼭 한 번은 보시길 권합니다. 영화가 주는 메시지는 명확합니다. 항상 함께하는 익숙한 사람이기에 소중함을 느끼지 못한 채 살고 있지 않느냐는 질문을 던집니다. 그리고 만일 그런 사람이 곁에 있다면 '계산 없이 사랑하라'는 명대사를 들려줍니다.

계산 없이 사랑한다는 것은, 내가 나의 연인에 대해 깨어 있음이 전제되어야 가능합니다. 등불을 나와 나의 연인에게 비추면서 관계를 세세히 살피는 겁니다. 내가 나의 연인에게 시큰둥하게, 무심하게 행동하고 있지 않나 한번 살펴봅시다. 우리는 후회 없이 사랑하기 위해 연인에 대해 등불을 들고 깨어 있어야 합니다.

혼자서도
괜찮은 사람

'조세핀, 당신은 화가 났습니까? 그래서 제가 당신을 슬픈 표정으로 바라보고 있는 건가요? 당신은 무엇을 걱정하고 있나요? 제 영혼은 당신을 향한 사랑 때문에 휴식을 취할 수가 없네요.'

아내 조세핀에게 무려 7만 5,000통의 편지를 썼다던 나폴레옹의 러브레터를 보면, 사랑할 때 상대방에게 나의 감정을 맞추게 되는 연인의 마음이 잘 드러납니다. 상대방이 나를 바라보고 사랑한다 말해주면 날아갈 듯한데 그가 연락이 없거나 뭔가 퉁명스럽고 불편한 기색을 내비치면 거기에 전염되어 내 기분도 내려갑니다. 혹 우리 관계에 위기가 닥쳐 그와 헤어지는 상황이라도 온다 치면 절망하여 살 수가 없을 것 같습니다. 피아의 경계가 사라지는 사랑이라는 경험은 매우 행복하지만, 감정과 관계에 생기는 기복에 그대로 노출되므로 매우 고통스러운 양면을 모두 가지고 있습니다.

사랑에 빠진 이들을 포함해 어떤 사람들은 자기 행복과 불행이 전적으로 연인에게 달려 있다고 생각하곤 합니다. 그러나 사실 인간이 긍정 정서를 얼마나 잘 느끼는지는 강력한 유전적 기반을 가집니다. 심리학자 라이켄^{David Lykken}과 텔레겐^{Auke Tellegen}은 '행복 기준점^{happiness set point}'이라는 개념을 제시합니다. 사람마다 느끼는 행복 기준점이 있어서, 힘든 일이 있을 경우 강한 슬픔을 맛보고 좋은 일이 있을 경우 강렬한 기쁨을 느끼기도 하지만 결론적으로는 본인이 원래 가지고 있는 행복 기준점으로 돌아온다는 설명입니다. 이 기반은 평생 안정되게 유지되며, 우리는 이를 성격이라는 이름으로 누구는 만사 부정적이고 누구는 만사태평하다는 평가를 하게 됩니다.

외래에서 남편이 교통사고로 사망하고 혼자 장애인 아들을 돌보는 40대 여자 환자분이 계셨습니다. 그런데 수심이 가득 차리라 생각했던 환자분 얼굴이 밝고 빛납니다. 어찌 이리 밝으시냐고 물어보았더니 본인이라도 건강해서 자식에게 힘을 쏟을 수 있고 나라에서 여러 가지 고마운 지원도 해주니 얼마나 다행이냐는 답을 하셔서 숙연했던 적이 있습니다. 이와 같은 긍정성은 본인이 원래 지닌 정서의 톤이라고 볼 수 있습니다.

이 이론에 더해서 행복을 연구하는 심리학자인 소냐 류보미르스

키^{Sonja Lyubomirsky} 등은 '행복 = 행복 기준점(50%) + 삶의 상황(10%) + 의지적 활동(40%)'이라는 등식을 제시했습니다.

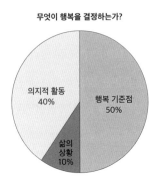

무엇이 행복을 결정하는가?

여기서 아까 얘기한 행복 기준점의 유전성은 50퍼센트임을 알 수 있습니다. 물론 누군가에게는 절반이나 되는구나겠고 누군가에게는 절반밖에 안 되는구나일 겁니다. 우리가 연애를 하고 있는 경우를 대입하면 연인이라는 외적인 상황은 단지 10퍼센트에 불과합니다. 그런데 우리는 바로 이 외적인 상황에 너무 많은 비중과 가치를 두곤 합니다. 그래서 우리가 애인과의 갈등으로 힘들 때는 이 외부적 상황이 마치 내 불행의 90퍼센트 이상을 차지하는 것처럼 느낍니다. 나에게 사랑하는 가족이 있고 인정받는 직장이 있고 마음이 통하는 동성 친구가 존재함은 생각이 안 납니다. 나의 타고난 긍정성의 힘도 맥을 못 추게 됩니다. 나의 연인이 나쁜 사람이라서 이별을 해야 하는 것이 맞다는 것을 머리로는 알지만 막상 이별을 해야 하는 의지의 힘도 발휘하기 어렵습니다. 오로지 나의 삶에는 연인만이 존재하고 그 연인은 나의 행복을 좌지우지하는 절대적인 존재인 거지요. 그 연인이 나를 함부로 대하거나 떠나려는 모습에 나는 세상에서 가장 비련한 드라마의 주인공이 됩니다.

그러나 막상 애인과의 여러 가지 힘든 시간이 지나가면 사람에 따라 다르겠지만 어느샌가 상관없이 잘 먹고 잘 살고 있는 나의 모습을 보게 됩니다. 여기에는 나의 타고난 긍정성과 함께 연인과의 관계에서 내가 어떠한 결심을 하고 실행을 한 의지적 부분이 작용합니다. 즉 **내가 나의 연인의 감정 기복, 관계의 변화, 더 나아가 연인의 유무에 좌우되는 존재는 아니며 나 자체만으로도 행복할 수 있는 존재라는 것을 우리는 잊지 말아야 합니다.** 연애 관계에서 나의 행복은 내 연인이 어떤 사람인가, 연인이 나에게 무엇을 해주는가보다 내가 연인을 대함에 있어 어떤 태도를 갖느냐에 더 달려 있습니다. 나쁜 연인을 만났을 때 과감히 관계를 정리하고 좋은 연인을 만났을 때는 관계에 정말 최선을 다하며 내가 선택한 나의 연인은 세계 최고로 좋은 사람이라는 그런 마음가짐으로 연인을 대하는 것 말입니다.

첫 애인과의 결별에 많이 힘들어한 새봄 씨가 생각이 납니다. 처음 하는 연애이기에 잘 몰라서 다소 불합리한 갑질을 하는 연인의 태도에 상처도 많이 받았지만 많은 것을 감수했습니다. 친구들은 새봄 씨에게 이런 저런 조언을 하며 답답해 했습니다. 그러나 새봄 씨는 아랑곳하지 않고 남친에게 최선을 다합니다. 친구들이 잘 몰랐던 건 새봄 씨가 단지 을의 입장에서 남친에게 잘 보이기 위해 최선을 다한 건 아니라는 겁니다. 항상 새봄 씨는 만사에 최선을 다하는 성격이었던 겁니다. 알바를 하던 음식점이나 PC방, 카페에서도 사장님에게 정직원 제의를 받는 건 다반사였습니다. 사회생활 초반에 고시원에서 월세방에서 전세방으로 옮기는 힘든 형편임에도 그 와중에도 돈을 모을 수 있음에 감사한 마음을 갖는 사람이었습니다. 처음 사귄 남친에게도 역시 온 마음을 다해 최선을 다합니다. 그러나 남친이 양다리를 걸치고 있다는 것을 알게 된 순간 칼같이 마음을 접습니다. 뒤늦게 정신을 차린 남친이 오랜 기간 매달리며 사과를 해도 매몰차게 끊어냅니다. 첫 연애이고 2년이나 지속된 연애이기에 미련이 남지 않느냐는 제 질문에 새봄 씨는 담담히 말합니다. "연애를 하는 동안 최선을 다했기에 미련이 없더라고요. 내가 할 수 있는 건 다 했던 것 같아요"라며 담담히 자신의 지나간 연애를 회고합니다.

겉으로 보기에는 새봄 씨가 을의 입장에서 남자친구를 많이 봐주고 감내하면서 연애를 하는 것 같았지만 그렇지 않았던 겁니다. 새봄 씨는 자신의 의지로 자신의 행복을 주도적으로 가꾸어 나가면서 연애를 해왔던 겁니다. 앞으로 새봄 씨는 제2의 연애, 제3의 연애를 할 겁니다. 그때마다 연인과의 관계에 최선을 다할 것이고, 행복함을 느낄 것입니다. 그러나 그 연애가 아니다 싶을 때는 과감히 끊어낼 수 있는 용기도 보여줄 것입니다. 이렇듯 새봄 씨는 앞으로도 자신의 행복을 스스로 가꾸어 나갈 것입니다.

반드시
행복한 사람이 될
당신에게

연애를 하는 것은 나의 세계가 그의 세계와 만나 확장되는 것이라고 말씀드렸습니다. 에리히 프롬^{Erich Fromm}은 한술 더 떠서 사랑은 어떤 특별한 사람하고만 관련된 일이 돼선 안 되며, 전 세계와 관련된 일이 돼야 한다고 했습니다. 그러니까 내가 나의 연인만 사랑하고 다른 모든 사람들에게 관심이 없다면, 그건 전혀 사랑이 아니라고 그는 말합니다. 연애는 이처럼 나를 넘어 그까지를 포함하는 자아확장^{self-expansion}의 능력을 말합니다.

(1) 딱 나까지만 자기 확장되는 사람이 있습니다. 흔히 소시오패스나 나르시시스트, 과거에는 가족을 돌보지 않고 평생 나 좋은 일만 하며 살던 난봉꾼 아비가 여기가 속합니다.

(2) 딱 피를 나눈 가족끼리만 자아확장력이 생기는 경우가 있습니다. 자기 자식만 아는 부모 유형이나 딸에게 대학입시 시험을 유출한 아버지 사건, 정치인 자식의 대입 비리 또는 군 비리가 그 예입니다.

(3) 내가 속한 집단으로 자아확장력을 발휘하는 경우입니다. 예를 들어 우파와 좌파 같은 정치적 부류, 연예인이나 유명인들의 팬덤, 특정 지역을 중심으로 뭉치는 현상 등입니다.

(4) 그리고 자아확장력이 이웃과 타인에게 향하는 사람들이 있습니다. 타인의 일에 가슴 아파하며 혹 어렵고 힘든 일을 당하면 발 벗고 도와줍니다.

자아확장의 범위와 함께 고려해야 할 것이 있습니다. 바로 결정적인 어떤 상황, 내 것을 양보하거나 많이 내줘야 할 상황에 어떤 자아확장력을 보여주느냐 하는 겁니다. 예를 들어 내가 행복하고 가진 것 많고 나에게 조금의 피해도 오지 않을 상황에는 사람들은 흔히 (4)의 모습을 보여줄 때도 있습니다. 그러나 정의의 여신이 한쪽에 저울을 한쪽에 칼을 들고 선택을 종용할 때 드러나는 민낯이 진정한 나의 자아확장력이 됩니다.

예컨대 연인 시절 데이트할 때는 한없이 달콤했던 그가(그의 자아

확장력이 적어도 나까지 포함된다고 생각을 했었겠지요) 아이를 낳고 나서 와이프의 육아의 고달픔을 나 몰라라 하고 시간만 나면 컴퓨터 오락을 합니다. 이게 바로 그의 원래의 자아 확장력(1)이 되는 거지요.

또 쉽게 접할 수 있는 상황으로는 시어머니의 과도한 요구에 아내더러 따르라 강압을 가하는 남편의 자아 확장력은 딱 (2)까지인데, 원 가족이 아닌 새로 생긴 와이프는 아직까지 자아확장력이 닿지 못하는 대상인 겁니다.

실은 우리가 연인을 고를 때 비슷한 정도의 자아 확장력을 가진 사람을 만나야지 행복합니다.

그리고 자아확장력이 높은 사람은 그 사람 자체로 행복합니다. 나아가 우리는 자아 확장력이 높은 사람에게 호감을 갖습니다. 자아확장력이 높은 사람은 타인의 아픔을 내 아픔으로 느낄 수 있는 공감이 있는 사람이고 타인은 믿을 만한 사람이라는 개념이 있는 안정된 애착을 가진 사람이기 때문입니다.

즉 자아확장력이 있는 사람은 타인과 세상과의 연결감을 느낄 수 있는 사람들입니다. 그런 능력이 있으면 인간은 진정 행복할 수 있습니다. 단지 내가 연인이 있느냐 또는 연애관계 중에서의 문제가 아닌 좀 대승적인 행복에 대한 얘기입니다. 즉 꼭 연인이나 사랑보다는 인간 보편적인 요소에 관한 이야기입니다.

인간이 태어나서부터는 딱 자기만 아는 상태로 태어납니다. 심지어 나를 돌보아주는 엄마를 불편감을 해소해주는 나의 팔다리라고 인식하다가 돌이 지날 즈음에야 나와 다른 타인이구나를 겨우 자각하기 시작하고 점점 더 세상을 살아가면서 엄마를 넘어서는 타인의 존재와 의미를 알게 됩니다. 살면서 내가 왜 사는 거지? 내 행복은 무엇이지? 의미가 뭐지? 라는 실존주의적인 물음을 스스로 할 때가 인생에 한 번쯤은 있는데, 주로 외롭고 쓸쓸하고 힘들 때입니다. 이때 사람은 누군가와 '연결'되어 있을 경우 그 해답을 찾게 됩니다.

어릴 적에 부모와 심리적으로 잘 연결되어 있으면 나의 존재 의미를 찾습니다. 나는 사랑받을 만한 사람이고 지금 행복하다는 감정을 느끼게 되는 거지요. 학창시절에 왕따를 당하면 친구들과의 '연결'감이 없어서 힘들고 비참한 시절을 보내게 됩니다. 인간은 너 나 할 것 없이 사회적 동물이고 그 정체성을 유지하기 위해 누군가와의 연결이 필수적이기 때문입니다. 어릴 적에 수동적으로 주어졌던 가족관계나 중고등학교 시절을 지나고 대학 시절과 사회생활을 보내며 그 연결감은 좀 더 주도적이고 적극적이 됩니다. 내가 맞는 친구를 선택하고 내가 좋아하는 연인을 선택하는 거지요. '소속감'은 외적인 모임이나 단체가 주체이고 내가 객체로서 속해 있는지가 주가 되는 의미라면, '연결감'은 나 자신이 주된 주체이고 친구나 연인의 이름을 가진 또 다른 주체와 내밀하고 탄탄하게 서로 이어져 있는지를 말하는 것입니다. 진정한 연결감을 가지면 인간은 삶의 의미를 느끼면서 행복해집니다.

이런 연결감의 최고봉은 연인으로 만나 사랑하고 결혼해서 완성을 하는 것입니다. 나의 적극적 선택으로 깊이 연결된 상대방을 나의 자아 안에 포함시키게 되는 거지요. 여기에 더 나아가 자식을 낳아 더 큰 가족의 울타리를 만들면 또 다른 세상으로의 확장과 연결감이 생깁니다. 둘이 만들어낸 또 다른 인간인 자식의 성장을 바라보고 삶을 지켜주는 부모의 마음이 그것입니다.

시대가 변해서 꼭 결혼하고 자식을 갖는 것으로 연결감을 느낄 수 있는 세상은 아닙니다. 다양성을 추구하는 세상인지라 일이든 취미든 동호회 활동이든 연애든 가치든 무엇이든 내가 선택하고 최선을 다하면 됩니다. 그저 명심하십시오. 나의 자아를 확장시키며 세상과 연결되는 것을 게을리하지 마십시오. 그것이 내가 살아 있는 의미이기 때문입니다.

아래 도표는 심리학에서 말하는 '조해리의 창'입니다. 자기 자신은 다음의 4가지 영역으로 형성이 됩니다. 미국의 심리학자 조세프 루프트 Joseph Luft 와 해링턴 잉햄 Harrington Ingham 의 이름을 따서 붙여졌습니다.

너와 내가 서로 친해진다는 것은 [열린 창]이 상대방을 향해 점점 늘어나는 것을 말합니다. 자기 공개가 진행될수록 [비밀의 창], [보이지

	자신이 알고 있는 영역	자신도 모르는 영역
타인은 알고 있는 영역	**[열린 창]** 자신도 알고 있고 타인도 알고 있다.	**[보이지 않는 창]** 자신은 모르고 타인만 알고 있다.
타인도 모르고 있는 영역	**[비밀의 창]** 자신만 알고 있고 타인은 모르고 있다.	**[미지의 창]** 자신도 모르고 타인도 모른다. 무한한 가능성의 영역이다.

않는 창], [미지의 창] 영역이 줄어들고 [열린 창]의 영역이 커집니다.

혹 주변에서 겉보기에는 전혀 어울리지 않는 커플이 맺어진다거나 멀쩡히 배우자가 있는 사람이 제삼자와 사랑에 빠지는 걸 보고 사람들은 갸우뚱할 때가 있습니다. 그런데 그 관계를 보면 서로 또는 어느 한쪽이 [보이지 않는 창]의 영역을 넓혀준 경우입니다. 예를 들어 '김태희'를 보고 다들 외모 출중하고 머리 좋고 성품도 번듯하다는데 듣는 김태희는 별 감흥이 없습니다. 그러나 누군가가 자신도 모르고 있었던 장점을 칭찬하면 급 호감을 가질 수 있습니다. 예를 들면 "태희 씨 말씀을 들어보니 이야기를 요약해서 핵심을 잘 짚어내는 재주가 있으시네요. 글을 쓰셔도 훌륭한 작가가 될 것 같아요"라는 식의 칭찬인 겁니다. 이런 [보이지 않는 창]으로 나를 확대해준 상대에게 인간은 커다란 호감을 느끼게 됩니다. 심지어 현재의 연인이나 배우자를 배신할 정도의 강력한 파워를 가지게 되지요.

이 '조해리의 창'은 소설이나 영화, 웹툰 등에서 로맨스를 묘사할 때 많이 사용하는 클리셰입니다. 자신의 [보이지 않는 창]이나 [비밀의 창]을 알아봐준 상대에게 사랑에 빠지는 거지요. [미지의 창] 영역은 헐리우드식 영웅 스토리에도 많이 쓰이는데 영화 〈어벤져스〉에 나오는 스파이더맨과 헐크 같은 히어로들이 여기에 해당합니다.

어찌 되었든 확실한 것은 사람은 자기 개시를 통해 [열린 창]의 영역이 확장되면 그 창을 넓혀준 상대에게 존경심과 호감을 느낀다는 것입니다. 사랑하는 연인끼리 존경까지 필요하냐고 질문하실수 있습니다. 그러나 연애에서 존경이라는 마음이 섞이면 상대방에 대한 긍정적 환상이 길게 유지됩니다. 또 연인 사이의 존경이라는 것은 상대가 나보다 지위나 능력이 잘나서가 아니고 나의 [열린 창] 영역을 넓혀줬기에 생깁니다. 나를 있는 그대로 봐주며 내가 알지도 못하는 장점을 알아봐주고 새로운 세계를 열어 준 그와 은밀한 세계를 공유하며 또 넓혀가지요.

반대로 내 연인의 행동을 구속하고 입맛대로 뜯어고치기를 원하는 경우도 있습니다. 여자는 긴 생머리여야 해, 말투는 조신해야 해, 남녀가 섞여서 가는 회사 워크숍은 가지 말아야 해 하는 식으로 자신만의 사고방식을 상대방에게 강요하는 건 내 연인의 [열린 창] 영역을 계속 축소시킵니다. 연인의 세계가 확대되고 성장하는 것에는 관심이 없습니다. 연인 또한 점점 입을 닫게 되고 나를 드러내 보이지 않게 됩니다. 그리하여 [열린 창] 뿐만 아니고 모든 창의 영역이 쪼그라들게 만듭니다. 이런 경우에는 연인이 사회적으로 아무리 잘난 사람이라 할지라도 존경의 마음이 생기지 못합니다.

나는 연인에게 어떤 존재인가요? 나의 연인은 나에게 어떤 존재인가요? 영화나 드라마나 소설 속의 이야기만이 아니라, 서로가 서로의 [열린 창]의 영역을 넓혀주고 각자의 세상을 넓게 키워주고 그 넓은 세상에서 나의 연인이 자유롭게 뛰노는 모습을 흐뭇한 모습으로 봐주는 주인공이 바로 여러분의 모습이길 바랍니다.

당신의 마음속 창문에
가장 환한 불빛이 켜지기를

Love is you.

당신의
사랑은

☾

당신을
닮았다

초판 발행 2021년 4월 2일

3쇄 발행 2023년 12월 1일

지은이 전미경

발행인 이종원

발행처 (주)도서출판 길벗

브랜드 더퀘스트

출판사 등록일 1990년 12월 24일

주소 서울시 마포구 월드컵로 10길 56(서교동)

대표전화 02)332-0931 | **팩스** 02)323-0586

홈페이지 www.gilbut.co.kr | **이메일** gilbut@gilbut.co.kr

기획 및 책임편집 송혜선(sand43@gilbut.co.kr) | **제작** 이준호, 손일순, 이진혁, 김우식

마케팅 한준희, 김선영, 이지현, 류효정 | **영업관리** 김명자, 심선숙 | **독자지원** 윤정아, 전희수

디자인 및 전산편집 studio 213ho (www.213ho.com)

CTP 출력, 인쇄 및 제본 금강인쇄

ISBN 979-11-6521-505-7 (03180)

(길벗 도서번호 040167)

정가 15,800원

페이스북 www.facebook.com/thequestzigy

네이버 포스트 post.naver.com/thequestbook